KB267800

스포츠의 생동감을
목소리로 전달하는
스포츠
캐스터

청소년들의 진로와 직업 탐색을 위한 잡프러포즈 시리즈 89

"
건강하고 활기찬 목소리로 중계방송의 시작을 알리고,
경기 실황을 전달하고, 방송의 마무리를 하는
스포츠 캐스터의 세계로 여러분을 초대합니다.
"

스포츠의 생동감을
목소리로 전달하는

스포츠
캐스터

한명재 지음

TALK SHOW

"

"If you do your job right, the viewer never notices you.
일을 제대로 하면 시청자는 당신을 알아차리지 못합니다."

"

- 앨 마이클스 Al Michaels

50년 넘게 미국 주요 스포츠의 대표적 중계 목소리로 자리매김한 앨 마이클스는 모든 주요 미국 프로스포츠 결승전을 중계한 유일한 방송인입니다. 뛰어난 정확성·품격 있는 진행·절제된 감정 표현을 하는 중계로 지금도 미국인의 사랑을 받습니다. 1980년 레이크플래시드 동계올림픽 아이스하키 결승에서 미국이 소련을 꺾는 순간, 그의 "Do you believe in miracles? Yes!"라는 외침은 스포츠 역사상 가장 상징적인 중계 멘트로 남아 있습니다.

"

"It's time for Dodgers baseball.
다저스 야구를 할 시간입니다."

"

- **빈 스컬리** Vin Scully

67년 동안 LA 다저스 전담 중계 캐스터로 활동했던 전설적인 인물, 빈 스컬리의 오프닝 인사말입니다. 시를 낭송하는 듯한 음성과 안정된 발성, 디테일하면서도 깔끔하게 정돈된 중계 구성, 투수의 투구가 이어지는 사이 적당한 기다림과 적절한 에피소드, 그리고 자연스러운 유머까지 갖춘 그의 중계가 시작된다는 시그널이기도 합니다.

C·O·N·T·E·N·T·S

C·O·N·T·E·N·T·S

나도 스포츠 캐스터

스포츠 캐스터 한명재 스토리

SPORTSCASTER

LIVE
스포츠 캐스터
한명재의
프러포즈

"전국에 계신 스포츠팬 여러분 안녕하십니까? 여기는 만원 관중이 운집한 잠실야구장입니다. 지금부터 ○○○ 대 △△△ 맞대결을 생방송으로 보내드리겠습니다. 해설에 ☆☆☆ 위원입니다."

어쩌면 여러분이 가장 많이 들어 보았을 오프닝입니다. 스포츠 중계방송이 시작되면 가장 먼저 인사를 하는 사람이 바로 스포츠 캐스터인데요. 아는 사람은 알고 모르는 사람은 절대 모르는 사람이죠. 대개 스포츠 중계방송을 보면서 사람들은 경기나 선수에 대한 궁금증을 갖지, 진행하는 혹은 출연하는 사람에게는 그렇게 큰 관심을 두지는 않으니까요. 그럼에도 기억에 남는 스포츠 캐스터가 있다면 절반은 성공한 셈입니다.

　국가적인 스포츠 이벤트가 거의 해마다 진행되고 있어 알게 모르게 우리는 스포츠의 세계에 살고 있습니다. 아침부터 TV에서는 전날 해외에서 뛴 손흥민, 안세영, 리디아 고의 소식을 알려주고, 낮에는 지구의 정반대에서 뛰고 있는 이정후, 김혜성, 김하성의 경기 실황이 라이브로 전해집니다. 그리고 우리의 저녁 시간에는 류현진, 양의지, 김도영이 뛰고 있는, 내가 응원하는 팀의 경기가 이어집니다. 그뿐인가요? 그날의 하이라이트와 리뷰, 재방송이 밤새 방송과 유튜브를 뒤덮고 있습니다. 그야말로 스포츠 홍수 시대에 살고 있죠. 아무리 스포츠를 좋아하지 않는 사람도 어쩔 수 없이 오며 가며 이 스포츠의 초대를 받고 있습니다.

　2025년 프로야구 야구 관중은 1,200만 명을 넘어섰습니다. 스포츠의 인기에 힘입어 다양한 매체를 통해 여러 형식을 띤 중계방송도 많이 생기고 있습니다. 시대의 변화를 반영하듯 스포츠 캐스터라는 직업이 주목받고 있는 이유입니다. 과거에는 스포츠 중계에서부터 예능 MC, 라디오 DJ, 뉴스 진행자까지 아나운서가 모든 일을 다 맡았어요. 그런데 세상이 변하고 세대가 다양해지면서 예능 MC는 연예인이, 라디오 DJ는 가수나 뮤지션이, 뉴스는 기자가 맡는 경우가 많습니다. 개인의 호불호를 떠나서 좀 더 전문화되어 가는 것은 어쩔 수 없는 시대적 흐름이죠. 그런데 스포츠 중계방송은 아직도 아나운서 출신들이 하고 있다는 걸 알고 있나요? 아나운서는 기본적으로 모든 종목의 중계방송을 할 수 있어야 합니다. 하지만 여기도 종목별로 세분화되고 더 특화된 스포츠 캐스터들이 출현하고 있습니다. 축구 중계방송을 주로 하면서 농구나 배구를 담당하거나, 프로야구 시즌에는 야구에 집중하고 비시즌에는 다른 종목을 맡는 겁니다. 이렇게 스포츠 이벤트가 다양해질수록 특정 종목을 전문으로 하는 스포츠 캐스터가 더 많이 나오리라 예상합니다.

그럼, 누가 스포츠 캐스터일까요? 폭 넓게 보자면 스포츠 중계방송에 출연하는 사람을 스포츠 캐스터Sports caster 혹은 스포츠 코멘테이터Sports commentator라고 통칭할 수 있습니다. 오프닝을 하고 경기 중에 상황을 전달하는 아나운서도, 아나운서와 함께 해당 스포츠에 관해 설명해 주는 해설자도, 경기 중에 타 구장 소식이나 현장 속보를 전달하는 사이드 리포터나 스튜디오 MC도, 심지어 스포츠 토크쇼나 스포츠 뉴스 진행자도 다 스포츠 캐스터라고 봐도 무방합니다. 다만 그들의 역할이 조금씩 다르죠. 앞서 말씀드린 대로 오프닝으로 중계방송의 시작을 알리고, 경기 실황을 전달하고, 방송의 마무리를 하는 사람을 '플레이 바이 플레이 아나운서Play-by-play announcer'라고 합니다. 이 역할이 이 책에서 제가 이야기할 스포츠 캐스터입니다.

스포츠 캐스터에게는 어떤 자격이 필요할까요? 국가 공인 시험이나 자격증 이런 것은 없습니다. 해당 스포츠에 관한 관심과 학습, 생방송의 돌발 상황에 재빠르게 대처하는 순발력, 모든 상황을 기억하는 암기력이 필요하고, 적어도 방송이 진행되는 2~3시간 정도는 집중할 수 있는 건강한 목소리가 필수입니다. 어렵지 않죠? 다만 여기서 한 가지, 이 모든 일을 해내는 데 필요한 자격이나 덕목을 꼽으라면 단연 건강입니다. 짧게는 하루, 길게는 한 달 정도 집을 떠나 출장을 다닐 수 있는 건강이 제일 필요합니다. 생각해 보세요. 스포츠 중계방송을 보는데 출연자가 아파서 골골하고 처져 있으면 누가 그 방송을 보고 싶겠어요? 건강해야 경기에 관한 내용 정리, 규칙, 선수의 심리, 현장에 대한 적절한 상황 분석, 임기응변이 가능한 것입니다.

"오늘 이 경기로 여러분을 모시겠습니다."

중계방송의 시작을 알릴 때 자주 하는 표현입니다. 다른 방송과 달리 스포츠 중계방송은 현장에 가지 못하는, 혹은 있지 못하는 시청자들에게 가장 좋은 자리에서 현장감을 느껴 보시라 하는 의미의 표현입니다. 이와 같은 맥락에서 오늘 저는 이 책을 여러분에게 띄우는 초대장이라고 하겠습니다. 30년 가까이 이 업계에서만 알고 있었던 무대 뒤의 세계로 여러분을 초대하려 합니다. 어떤 사람들은 전혀 관심 없고, 또 어떤 사람은 '이런 일도 있군' 할만한 카메라 뒤편 이야기입니다. 스포츠를 좋아하는 사람, 방송을 궁금해하는 사람, 그리고 스포츠 방송은 어떻게 진행되는 것인지 궁금한 사람이면 누구라도 좋습니다. 그 모두에게 이 업계를 이해할 좋은 계기가 되면 좋겠습니다. 많지는 않겠지만 혹시라도 이 일을 하면 행복할 것 같다는 사람이 있다면 그것도 또한 의미 있는 일일 것입니다. 저의 책 한 권을 인생의 이정표로 삼을 사람이 생긴다면 이 초대장은 더 뜻깊을 것 같습니다.

SPORTSCASTER

첫인사

LIVE

 편 토크쇼 편집자

한 한명재 스포츠 캐스터

편 긴장감 넘치는 경기 현장을 시청자에게 생생하게 전달하는 직업, 스포츠 캐스터를 청소년에게 소개해 주실 분을 모셨습니다. 안녕하세요?

한 안녕하세요, 스포츠 캐스터 한명재입니다.

편 목소리 듣고 깜짝 놀랐습니다. 꽤 오래전부터 야구 중계방송에서 듣던 목소리의 주인공이셨군요. 언제부터 스포츠 캐스터로 활약하신 건가요?

한 1997년에 한국스포츠TV(현재 SBS스포츠)에 입사해서 스포츠 중계와 인연을 맺었으니 벌써 시간이 30년 가까이 흘렀네요. 그중에 25년은 방송사에서 근무하고 몇 년 전에 회사를 나와 프리랜서로 활동하고 있습니다.

편 야구 중계하시는 걸 자주 봤는데 야구만 중계하시나요?

한 1년 내내 야구 경기가 있다면 야구만 중계할 수도 있겠지만 야구는 봄에서 가을까지 하는 시즌제 스포츠예요. 다른 종목도 마찬가지죠. 야구 시즌이 끝나면 겨울에는 농구와 배구 시즌이에요. 그때는 농구 중계를 주로 합니다. 다른 종목의 중계를 할 때도 있고요. 스포츠 캐스터는 어떤 종목이든 맡겨지면 중계방송을 할 수 있습니다.

편 어떤 스포츠 캐스터가 쓴 글을 보니 10여 년 동안 중계방송한 종목이 수십 개가 넘는다고 하던데, 진짜인가요?

한 그럼요. 일상적으로 중계방송에 편성된 종목은 축구, 야구, 배구, 농구 등을 포함해 몇 개가 되지 않아요. 특별 편성되어 중계되는 종목이 더 많지요. 그건 국민의 관심사와도 관련이 있어요. 우리나라 국가대표 선수들이 국제대회에서 좋은 성적을 거두어 관심이 증가하면 탁구, 배드민턴, 스피드 스케이트, 피겨 스케이트, 쇼트트랙, 양궁, 컬링 등의 종목이 방송으로 편성돼요. 명절 때 전통 스포츠 종목인 씨름대회가 방송되기도 하죠. 이럴 때 스포츠 캐스터가 여러 종목을 맡아 중계방송합니다. 또, 특정한 시기가 되면 집중적으로 다양한 종목이 중계됩니다. 4년마다 열리는 하계올림픽, 동계올림픽, 아시안게임이 대표적이죠. 이런 종합대회는 종목만 합쳐도 40여 개 이상이고, 한 종목에서 파생된 경기까지 하면 수백 개로 나눌 수도 있어요. 보통 한 명의 캐스터가 여러 종목을 맡으니까 중계한 종목을 합치면 수십 개가 돼요. 하지만 그런 종목은 몇 년에 한 번이나 가끔 중계하기 때문에 맡으면 다 하는 거고, 평소에는 몇 개 종목을 중점적으로 중계합니다.

편 중계방송을 보니까 축구만 중계하거나 야구만 중계하는 캐스터가 있던데, 이렇게 전문 종목을 가지는 건가요?

한 스포츠 전문 채널에 캐스터로 입사하는 사람들은 보통 특정 종목 하나만 생각하기보다는 몇 가지 종목을 염두에 두고 시작해요. 다만 희망 종목을 보면 크게 두 부류로 나뉘는 편이에요. 하나는 축구, 또 하나는 야구죠. 보통은 야구를 하면서 농구나 배구를 병행하거나, 축구를 하면서 다른 종목을 함께 맡는 경우가 많습니다. 재미있는 게, 야구를 주로 하

는 캐스터들은 축구를 잘 안 하려고 하고, 축구를 하는 캐스터들은 또 야구를 잘 안 하려고 하는 경향이 있어요. 저와 한국스포츠TV 입사 동기였던 김성주 아나운서는 축구 전문이고 저는 야구 전문인데요. 처음에는 종목을 가리지 않고 전부 했는데, 저는 야구가 성향에 맞더라고요. 그래서 어느 때부터인가 자연스럽게 야구를 전문으로 하게 되었어요. 사실 하고 싶다고 다 할 수 있는 건 아닌데, 저는 운이 좋았던 거죠. 김성주 아나운서는 알려진 대로 축구 중계 캐스터가 되고 싶었다고 하고요.

편 요즘 캐스터들은 야구와 축구, 어느 종목을 더 선호하나요?

한 야구를 하고 싶은 캐스터가 더 많아요. 축구는 K리그보다 월드컵이나 해외 리그, 특히 EPL 같은 굵직한 이벤트, A매치에 대한 기대감이 커요. 그런데 그런 경기는 드문드문 있어요. 반면 야구는 KBO 리그의 인기가 꽤 높고 안정적이에요. 리그의 인기나 방송 기회 측면에서 야구가 갖는 장점이 분명히 있어서 야구 쪽으로 기운 캐스터가 좀 더 많지요. 물론 여전히 "야구냐, 축구냐"를 놓고 고민하는 건 변함없지만요.

편 오랫동안 스포츠 캐스터로 활동하시면서 스포츠 중계는 어때야 한다는 나름의 원칙도 있으실 것 같아요.

한 스포츠 캐스터는 중계방송의 주인공이 아니라는 거예요. 메인은 선수들이고, 경기 그 자체입니다. 제가 해설위원이나 후배 캐스터들에게 자주 하는 말이 있어요. "메인을 하고 싶으면 영화를 찍거나 드라마를 찍어라." 스포츠 중계에서 우리는 주인공이 아닙니다. 우리가 하는 일은 어떻게 보면 자막과 비슷한 거예요. 같은 경기도 그냥 보면 밋밋할 수 있지만, 옆에서 잘 아는 사람이 설명해 주면 훨씬 재미있어지잖아요. 그 역할을 하는 겁니다. 그런데 캐스터의 말이 너무 많아지면 그 순간부터는 경기 시청에 방해가 됩니다. 저는 스포츠 중계를 요리에 비유하는데요. 똑같은 재료를 가지고도 어떻게 버무리느냐에 따라 맛있는 요리가 될 수도 있고, 아무 맛도 없는 음식이 될 수도 있어요. 중계도 마찬가지예요. 우리는 MSG처럼, 혹은 기름칠처럼 경기를 더 잘 보이게 만드는 역할을 하는 거죠. 이것이 캐스터로 갖춰야 할 기본적인 자세라고 생각합니다.

편 잠깐 이야기를 나누는데도 베테랑 캐스터의 말솜씨를 느낄 수 있었어요. 앞으로 들려주실 직업 이야기가 굉장히 흥미로울 것 같습니다. 저도 캐스터님의 오프닝 멘트를 따라하는 것으로 본격적인 인터뷰의 시작을 알리겠습니다.

"오늘, 이 직업의 세계로 청소년 여러분을 모시겠습니다."

SPORTSCASTER

스포츠 캐스터의 세계

스포츠 캐스터는 어떤 직업인가요?

편 스포츠 캐스터는 어떤 직업인가요?

한 말 그대로 스포츠 방송하는 사람이 스포츠 캐스터입니다. 범위가 굉장히 넓죠? 이렇게 보면 스포츠 뉴스를 진행하는 앵커도, 현장에서 최신 소식을 전달하고 선수나 감독과 즉석 인터뷰를 진행하는 사이드 라인 리포터Side-line reporter 혹은Field-Reporter도, 스튜디오 혹은 현장에서 타 구장 소식을 전하거나 경기에 대한 사전 프리게임을 진행하는 호스트Program host도 스포츠 캐스터입니다.

그래서인지 제가 스포츠 캐스터라고 하면 많은 사람들이 "스포츠 뉴스 진행하시는 분이죠?"라고 되물어요. 아주 틀린 말은 아니지만 맞는 말도 아니에요. 그 이유는 우리나라의 스포츠 캐스터는 아나운서 직군에 포함되기 때문이에요. 아나운서는 DJ, MC, 뉴스 진행 등 다양한 역할을 포괄적으로 수행하는 직군으로 스포츠 뉴스 진행과 중계도 업무 중 하나입니다. 그런데 스포츠 뉴스와 캐스터 업무는 그 성격이 아주 달라요. 스포츠 뉴스 진행은 앵커의 역할에 가까워요. 경기의 결과를 정리한 원고를 바탕으로 "오늘 어느 팀과 어느 팀의 경기는 몇 대 몇으로 어느 팀이 승리했습니다."와 같은 사실을 전달하는 형식이죠. 이건 방송사에 입사한 지 1~2년 차 아나운서라도 충분히 맡을 수 있는 업무입니다.

스포츠 캐스터는 경기에서 지금 벌어지는 상황을 실시간으로 정확하게 전달하는 사람이에요. 누가, 어디서, 무엇을 했는지를 빠르고 명확하게 설명하며 경기의 흐름이 끊기지 않게 이어가는 역할이지요. '플레이 바이 플레이 아나운서', 즉 스포츠 중계를 전문으로 하는 아나운서입니다.

편 스포츠 캐스터는 실황 중계, 그러니까 생방송으로 중계하는 거죠?

한 국내 경기는 대부분 경기가 열리는 운동장 중계석에서 현장 중계로 진행됩니다. 외국은 스튜디오에서 화면만 보고 중계하는 방식도 꽤 많아요. 하지만 국내에서는 현실적으로 어려운 부분이 있어서 체감상 98% 정도는 현장 중계입니다. 달리 말해 경기 현장에서 중계하는 게 대부분이지만, 상황에 따라 위성으로 전달되는 경기 화면을 보면서, 혹은 PD가 구성한 화면을 보고 경기 상황을 실시간으로 시청자에게 전달하고 있습니다.

편 그러면 이동 자체도 업무의 큰 부분을 차지하겠네요.

🎙 2019년 월드시리즈 현장 중계 3차전이 벌어진 워싱턴 홈구장에서 김선우 위원과 함께. 해외 현장 중계방송은 여러 이유로 드물어요.

한 맞습니다. 이동만 놓고 봐도 전체 업무의 절반 정도는 된다고 해도 과하지 않아요. 조금 힘들긴 하지만 현장에 직접 가면 분명한 장점이 있어요. 선수들을 직접 만날 수 있고, 감독이나 구단 관계자들과도 이야기를 나눌 수 있고, 무엇보다 경기장의 분위기를 생생하게 느끼고 전달할 수 있거든요. 그래서 스포츠 중계는 가능하다면 현장에서 하는 게 원칙이라고 생각합니다.

스포츠 캐스터의 하루는 어떻게 흘러가나요?

편 중계방송을 하는 날 하루의 일과를 순서대로 이야기해 주세요.

한 스포츠 종목마다 경기를 시작하는 시간과 경기 시간이 달라서 어떤 종목을 중계하느냐에 따라 일과가 조금 다른데요. 프로야구 중계를 전문으로 하는 저의 하루를 예로 들어볼게요. 프로야구는 평일 기준으로 저녁 6시 30분에 경기를 시작해요. 선수들의 출근 시간은 그보다 이른 오후 2시 전후인데 저를 포함한 중계방송진도 보통 그 시간에 야구장으로 출근합니다.

편 그 시간에는 주로 어떤 일을 하시나요?

한 선수들의 타격 연습과 캐치볼을 하는 모습을 보면서 선수들의 컨디션을 체크하고, 가능하다면 감독이나 구단 관계자들도 만나서 오늘 경기와 관련된 이야기를 듣습니다. 공식 인터뷰를 통해 그날 경기의 전략과 선수들의 사기가 어떤지 듣는 것도 중요하지만, 공식적이지 않은 대화 속에서 얻는 정보들도 꽤 유용해요. 이런 내용들을 정리하면서 오늘 중계에서 어떤 이야기를 할 수 있을지 머릿속에 쌓아두는 거죠. 이 과정만 해도 시간이 꽤 빠르게 지나갑니다.

편 경기 직전에는 어떤 준비를 하게 되나요?

한 경기 시작 전에 제작진과 함께 마지막으로 내용을 정리합니다. 오늘 중계에서 어떤 포인트를 살릴지, 어떤 이야기는 넣고 어떤 이야기는 빼는 게 좋을지 등을 상의하죠. 중계 흐름과 구성에 대한 조율이라고 보시면 됩니다. 오후 6시 30분에 경기가 시작되면 그때부터 본격적인 중계에 들어갑니다. 경기 상황에 따라 다르지만 보통 2시간에서 3시간 정도 방송을 진행해요.

편 중계가 끝나면 업무도 바로 마무리되나요?

한 그건 아니에요. 경기가 끝난 후 감독이나 선수들의 인터뷰가 이어지는 경우가 많고, 방송 이후에 처리해야 할 일정들도 있습니다. 긴 시간은 아니지만 이런 마무리 업무를 하고 나면 밤 10시 가까이 됩니다. 그때가 퇴근 시간이죠.

경기 전에 선수들과 만나 어떤 이야기를 나누나요?

편 경기가 시작되기 전에 경기장을 찾아 선수들과 만난다고 하셨어요. 어떤 이야기를 주로 나누시나요?

한 경기장에 가면 홈팀 선수들이 먼저 나와 타격 연습, 캐치볼 하는 모습을 볼 수 있어요. 저는 홈플레이트 주변이나 더그아웃에서 선수들의 컨디션을 체크해요. 뭔가 새로운 게 보이면 감독과 코칭스태프에게 물어보고 자연스럽게 선수들의 최근 컨디션이나 근황을 듣지요. 또 연습을 끝내고 들어와 쉬는 선수들에게 다가가 직접 이야기를 건네기도 해요. 처음에는 "어제 잘 잤어요?", "지난 경기 정말 좋던데, 요즘 컨디션은 어때요?" 이런 가벼운 이야기로 시작하죠. 상대의 마음을 여는 가장 효과적인 말은 칭찬이에요. 그렇게 아이스 브레이킹을 해야 짧게라도 이야기를 나눌 수 있습니다.

친분이 쌓인 선수들은 먼저 와서 "지난 경기 어땠어요?", "오늘 경기 어떻게 보세요?" 하고 말을 걸어요. 그러면 자연스럽게 지난 경기 이야기도 하고 개인적인 이야기도 하지요. 홈팀 선수들이 몸풀기를 마치면 원정팀이 그라운드에 나와 웜업을 시작해요. 홈팀과 마찬가지로 원정팀과도 만남을 가집니다.

스포츠의 생동감을 목소리로 전달하는
스포츠 캐스터

그리고 감독과 선수들의 인터뷰가 필요한 경기가 있으면 이 시간에 진행해요. 순위가 바뀌는 긴장감 있는 경기라거나 KBO 한국시리즈처럼 관심이 고조된 경기를 앞두면 감독과 선수들의 인터뷰를 많이 하죠.

 감독과 코칭스태프, 선수들과 나눈 대화를 그날 중계방송에서 사용하는 건가요?

 수집한 정보는 선별해야 해요. 방송에 적합한 내용이 있고, 방송에는 쓰면 안 되는 정보도 있어요. 예를 들어 시즌이 끝나면 대형 계약을 앞둔 선수가 있는데 근래 컨디션이 좋아 보이지 않아요. 그런 이야기를 방송에서 그대로 공개해 버리면 구단이나 선수 모두 굉장히 불리해질 수 있어요. 선수나 감독, 코칭스태프 모두 저희에게는 취재원인데 그런 민감한 정보가 공개되어 버리면 그들의 신뢰를 잃어버려서 나중에는 취재가 어려워지죠. 그래서 알아도 넘어가는 경우가 있습니다.

또 수집한 정보를 쓰기 전에 먼저 진위를 파악해야 해요. 일부러 그런 건 아니지만 선수들이 자신의 기록을 잘못 기억하는 경우가 있어요. 과거에 한번은 제가 선수의 말을 듣고 방송에서 그 선수의 기록이 어떻다고 얘기한 적이 있어요. 그런데 알고 봤더니 기록이 틀렸더라고요. 선수가 다르게 기억하고 있었고, 저는 그걸 확인하지 않고 그대로 말을 한 거죠. 그런 일을 겪고 나서는 제가 확신할 수 없는 정보는 두 번, 세 번 확인해요. 그렇지 않으면 시청자에게 잘못된 정보를 전달할 수 있으니까요.

중계 방향도 정해야 하나요?

편 경기장에서 정보를 취합하고 나서 방송 준비는 어떻게 하나요?

한 제작진, 특히 PD들과 오늘 경기에서 가장 중요한 포인트가 무엇인지, 어떤 흐름으로 방송을 만들어갈지 의견을 교환합니다. 저뿐만 아니라 PD나 제작진도 홈팀과 원정팀을 오가며 취재한 내용이 있고 사전에 준비한 것들이 있어서 각자가 보는 관점을 맞춰봐요. "이 부분은 꼭 넣자", "이건 빼는 게 좋겠다", "아까 감독 인터뷰에서 이런 이야기가 나왔다" 같은 정보들을 공유하면서 구성 방향을 조율하는 거죠.

이렇게 팀 분위기, 선수들 컨디션 등을 경기 전에 알면 그날 경기의 핵심 포인트에 대한 큰 그림은 어느 정도 머릿속에 그려져요. 그걸 바탕으로 중계에 들어가게 되죠.

편 현장에서 얻은 정보로 중계의 방향을 정하는 건가요?

한 그건 아니에요. 경기 당일만 준비해서는 충분하지 않아서 평소에 꾸준한 준비가 필요하죠. 프로야구든 프로축구든 선수들의 컨디션이나 피로도는 지난 경기 흐름을 보지 않으면 알 수 없어요. 선수들을 개인적으로 따라다닐 수는 없기 때문에, 결국 캐스터가 할 수 있는 가장 정확한 방법은 경기를 보는 거예요. 그래서 중계 대상이 되는 두 팀의 이전 경기들은 반드시 챙겨봅니다. 특히 선발 투수들은 보통 5일에 한 번씩 등판하기 때문에 그 투수들의 이전 경기들에 대한 정보는 따로 정리했다가 중계에 활용하죠.

해설위원은 어떤 역할인가요?

편 스포츠 중계는 보통 캐스터와 해설위원이 함께하는데요. 어떻게 역할 분담이 이루어지나요?

한 해설위원은 'Commentator'라고 하는데, 경기를 분석하고 해설하는 사람을 말해요. 팀의 전술, 선수들의 심리, 왜 저런 선택을 했는지 시청자에게 설명하는 역할이죠. 그래서 선수 출신, 감독 출신, 또는 해당 종목의 전문가가 맡는 경우가 많아요.

중계방송을 들으면 두 역할을 쉽게 구별할 수 있어요. 방송에서 "투수가 공을 던졌습니다. 타자가 쳤고, 좌익수 쪽 깊숙한 타구—외야수가 담장 앞에서 잡아냅니다" 이렇게 사실을 전달하는 사람이 스포츠 캐스터고, "이 상황에서 번트를 선택한 이유는 주자가 느린 편이기 때문입니다", "방금 공은 스트라이크 존 낮은 쪽을 정확히 노린 공이었어요"라고 경기 전술이나 선수들의 심리를 분석해 전달하는 사람이 해설위원이에요. 간단하게 말하면 캐스터는 어떤 일이 일어났는가를 설명하는 역할이고, 해설위원은 왜 그렇게 되었는가를 설명하는 역할이에요.

편 어떤 사람들이 해설위원이 되는 건가요?

한 캐스터는 누구든 원하면 할 수 있는 일인데, 해설위원은 그렇지 않아요. 해설위원은 그 해당 스포츠 선수 출신이거나 적어도 10~15년 경험 있는 전문가가 맡습니다. 그러니 해설위원은 웬만해서는 일반인이 도전하기가 힘들겠죠. 물론 최근 해외 축구나 해외 야구 분야에서는 선수 출신이 아닌 분들이 해설하는 경우도 있지만 그분들도 업계 관련 지식과 경험이 어마어마한 분들입니다.

편 이렇게 설명해 주시니까 구별이 잘 되는데요. 방송에서는 누구의 말이 더 많은가요?

한 전체 방송에서 캐스터와 해설위원의 멘트 분량만 놓고 보면 6 대 4, 많게는 7 대 3 정도로 캐스터가 더 많아요. 캐스터는 전체 상황을 설명하고 흐름을 이어가야 하는 역할이라 그렇습니다. 하지만 방송의 분량이 적다고 해설위원의 비중이 적은 건 아니에요. 중요도로 보자면 해설위원이 80% 정도를 차지한다고 생각해요.

이유는 간단합니다. 해설위원이 제 방송의 첫 번째 시청자거든요. 그 사람이 제 멘트나 구성에 감명을 받지 못하면 시청자들에게 감명을 주기는 어려워요. 제가 던지는 메시지를

가장 먼저 받아서 반응하는 존재가 해설위원인데, 그 반응을
잘 끌어내지 못한다면 제가 잘못한 거죠.

🎤 2023년에 벌어진 중국 항저우 아시안게임 야구 결승전에서 정민철, 박재홍 위원
과 함께. 캐스터에게 좋은 파트너는 최고 방송을 만들 수 있는 원동력입니다.

오랫동안 짝을 이루었던 허구연 전 해설위원.

스포츠의 생동감을 목소리로 전달하는
스포츠 캐스터

해설위원과 호흡이 중요할 것 같은데, 어떤가요?

편 캐스터와 해설위원, 이렇게 두 명이 경기 시작부터 끝까지 함께 중계방송을 하는데, 몇 시간 동안 경기의 흐름에 맞춰 방송을 하려면 호흡이 잘 맞아야 할 것 같아요.

한 캐스터와 해설위원은 시청자에게 하나의 팀으로 보일 거예요. 그래서 둘 사이의 호흡이 굉장히 중요해요. 두 사람이 말을 척척 주고받으며 매끄럽게 흘러가면 시청자가 편안하게 볼 수 있는 방송이 되는 거고, 캐스터와 해설위원의 말이 엇박자가 난다면 시청자는 "저 사람들은 왜 저러지?"하고 괜히 불편해져요. 비유적으로 표현하면 부모가 싸우는 걸 아이가 지켜보고 있는 상황과 비슷하다고 할까요.

물론 재미를 위해 일부러 티격태격하는 경우는 있습니다. 일종의 연출이죠. 서로 가볍게 밀당하면서 긴장을 주고받는 모습은 오히려 방송을 더 재미있게 만들기도 합니다. 하지만 그건 어디까지나 서로의 신뢰와 호흡이 전제돼 있을 때 가능한 일입니다.

문제는 그 선을 넘어설 때예요. 장난이 아니라, 정말로 관계가 틀어졌다는 기운이 느껴지는 순간, 방송의 몰입도가 급격히 떨어집니다. 시청자는 경기보다 두 사람의 관계에 신경을 쓰게 되고, 그 순간부터 좋은 방송을 기대하기는 어렵죠.

 처음 만난 사이라면 힘들 수도 있겠어요.

 그렇죠. 새로운 해설위원과 일을 하게 되면 저는 일부러 시간을 내서 식사도 하고, 차도 마시고 (제가 술을 잘 마시는 편은 아니지만) 소주든 맥주든 한잔하면서 그분의 이야기를 듣습니다. 선수 출신이라면 선수 시절의 고충은 뭐였는지, 선수로 성장한 배경은 어떤지, 지금의 시각이 어디서 왔는지를 알아야 그 사람의 언어를 이해할 수 있어요.

가끔 해설위원과의 관계 때문에 너무 힘들어서 고민이라는 후배들이 있어요. 그러면 저는 "네가 바꾸지 못할 거면 그 사람의 사고와 언어를 따라가야 한다"라고 현실적인 조언을 해요. 따라가려면 일단 그 사람과 시간을 많이 보내야 해요. 대화를 많이 하고, 그 사람이 어떤 성향인지 파악하고, 무엇을 불편해하고 무엇을 좋아하는지 읽어야 해요. 저도 오래 함께한 해설위원이 있는데, 정치적 신념도 다르고, 살아온 배경도 다르고, 생각도 전혀 달라요. 그렇다고 그 차이를 없앨 수는 없잖아요. 형제도 아니고, 환경이 다른데요. 하지만 방송을 함께 하려면 상대의 사고방식을 어느 정도는 읽어서 서로의 말과 태도가 어긋나지 않도록 조율해야 좋은 방송이

나옵니다.

 호흡이 맞지 않으면 어떻게 되나요?

 그건 지옥입니다. 정말 작은 중계석 공간에 '지옥'이 열려요. 실시간으로 흘러가는 경기에 따라 돌발 변수도 많이 발생하는데, 해설위원과 계속 엇박자가 나면 방송이 전쟁이 되어 버려요. 중계석 안의 공기가 거칠어지고 분위기가 싸해지죠. 그러면 방송으로도 바로 티가 나면서 방송 전체가 흔들립니다. 그럴 때 캐스터가 '내가 이만큼 준비했으니 당신은 따라오시오'라는 태도로 방송을 이끌려고 하면 절대 안 됩니다. 방송은 혼자 하는 게 아니에요. 해설위원과 둘만의 일도 아니고요.

캐스터와 해설위원의 관계를 이야기할 때 제가 자주 드는 비유가 있어요. 만약 저와 해설위원이 핸드폰을 파는 사람이라고 해 봐요. 그 핸드폰의 핵심 강점이 '카메라 성능'이라면, 저도 그 포인트를 알고 있어야 하고, 해설위원도 똑같이 알고 있어야겠죠. 핸드폰을 딱 봤을 때 둘이 동시에 '카메라 성능이 아주 좋은 폰이네'라는 판단을 공유해야 소비자가 설득이 됩니다. 그런데 저는 카메라 성능이 좋다고 말하고 있는데, 해설위원이 화면이 크고 좋다고 말했어요. 이렇게 서로 주장하는 강점이 다르면 판매가 안 되겠죠. 만약 서로 말이 다르게 나왔을 때는 누군가 얼른 상대방의 말에 맞장구를 친다거나 하나의 의견으로 보일 수 있게 넘어가야 소비자도 수긍하게 돼요. 방송도 마찬가지입니다. 두 사람이 한 방향을 가리켜야 순조로운 중계가 되는 겁니다.

편 방송 중에 캐스터와 해설위원의 견해차가 크게 갈리는 경우도 있지 않나요? 그럴 땐 어떻게 하세요?

한 의견이 갈린다는 건 결과적으로 누군가는 맞고 누군가는 틀렸다는 건데요. 해설위원의 말이 틀릴 가능성이 있을 때 캐스터는 일단 해설위원의 의견을 존중하는 태도를 보여야 해요. 해설위원은 대부분 선수 출신이고 저를 비롯한 캐스터들은 공부와 취재로 스포츠를 이해하는 사람이기 때문에 시청자에게는 해설위원의 현장 경험이 더 설득력 있게 들릴 수 있어요. 일단은 흐름을 살려주고, 이후에 확인이 되면 정정하면 됩니다.

여기서 또 중요한 게 정정 방식입니다. 만약 해설위원이 규칙을 잘못 말했고, 나중에 확인해 보니 다른 게 맞다면, "아까 저희가 그렇게 말씀드렸는데 룰은 이게 맞습니다"라고 '우리'의 문제로 정리해야 합니다. "당신이 틀렸잖아요"라고 해버리면 그 순간 관계에 틈이 생기고, 그 틈이 방송 전반으로 퍼져요. 반대로 해설위원의 설명이 정확했을 때는 "정말 철두철미하게 꿰고 계신 해설위원입니다"라고 확실히 칭찬해 줘야 합니다. 이렇게 해설위원의 실수는 감싸 보호하고, 잘한 것은 확실하게 드러내는 경험이 쌓이면 서로 믿는 관계가 형성되고, 호흡이 잘 맞는 품질 좋은 방송이 되는 거죠.

편 해설위원도 방송 준비를 많이 해 오실 것 같은데, 그걸 잘 이끌어내는 것도 중요할 것 같은데요?

한 중요하죠. 해설위원에 따라 준비를 많이 하는 분도 있고, 최소한의 준비만 하는 분도 있어요. 그런데 해설위원의 준비 정도보다 캐스터가 해설위원의 역량을 얼마나 끌어내느냐가 더 중요해요. 캐스터가 질문을 잘하면 해설위원이 준비가 빛을 발하는 거죠. 그런데 해설이 많다고 꼭 좋은 것도 아니에요. 해설위원이 준비한 이야기를 열 개, 스무 개 풀어내는 동안에도 경기는 계속 진행되고 있거든요. 그러면 주객이 전도됩니다. 정보가 너무 많아지면 결국 "말 좀 줄이고 경기 좀 보자"라는 반응이 나와요. 그건 중계로서는 최악이죠. 그래서 경기의 흐름을 방해하지 않는 적당함을 유지하는 것이 굉장히 중요합니다.

🎤 2019년 미국 월드시리즈 7차전이 벌어진
휴스턴 구장에서 김선우 위원과 현장 중계.

편 지금까지 함께 호흡을 맞추는 해설위원들이 꽤 많을 것
같은데, 어떤 분들인가요?

한 지금은 MBC 스포츠플러스에서 활동하는 해설위원 중
다섯 명 정도와 함께하고 있고, 과거에는 허구연 총재와도 꽹

장히 오랜 시간 호흡을 맞췄어요. 돌이켜보면 해설위원들이 현역 선수로 뛰던 시절을 제가 대부분 직접 기억하고 있더라고요. 그런 기억들이 자연스럽게 대화로 이어지다 보니 방송을 하기가 훨씬 편해지는 면이 있습니다.

사람마다 성향은 다 다릅니다. 취향도 다르고, 같은 사안을 보더라도 중요하게 보는 포인트가 다르죠. 그래서 그 차이를 없애려고 하기보다는, 서로의 강점을 파악하고 그 방향으로 방송을 맞춰 가는 게 중요하다고 생각합니다.

어떤 사람들과 협력하나요?

 방송 화면에서는 캐스터와 해설위원만 볼 수 있지만 중계방송을 위해 여러 사람이 협력해야 할 것 같아요. 어떤 사람들과 함께 방송을 만드시나요?

 한 무리의 사람들이 중계팀을 이루죠. 화면에 보이지 않을 뿐 현장에는 PD, 서브 PD, 기술 감독, 카메라맨, 음향 담당자 등 여러 사람이 동시에 움직이며 하나의 방송을 완성합니다. 이들이 얼마나 같은 호흡으로 움직이느냐에 따라 중계의 완성도가 결정돼요. 보통 중계 제작진은 메인 PD를 중심으로 서브 PD 여러 명이 함께 팀을 이루고, 한 시즌 혹은 1년 단위로 같이 움직이는 경우가 많아요. 그러다 보니 서로의 성향과 패턴을 알고 있을수록 방송은 훨씬 안정되는 경향이 있어요. 누가 어떤 상황에서 어떤 판단을 하는지, 어느 타이밍에 어떤 선택을 하는지를 알고 있으면 무난하게 방송이 흘러가는 거죠.

저는 음향 담당자와 오디오에 대한 피드백을 많이 하는데요. 음향 담당자는 스포츠 중계만 전담하는 경우가 별로 없어요. 콘서트, 드라마, 예능 등 다양한 프로그램을 함께 맡다 보니 스포츠 중계 특유의 리듬이나 긴장감을 놓치기도 해요. 중계를 하다 보면 스포츠 캐스터가 일부러 말하지 않는 구간이 있어요. 그러면 음향 담당자가 알아채고 현장의 소리로 메우든지 잠깐의 쉼을 두든지 해서 자연스러운 연출이 되어야 해요. 그런데 음향 담당자와 캐스터 사이에 그런 공감대가 없으면 1, 2초 사이에 어긋남이 생기고, 그게 방송 사고로 이어지는 거예요. 예를 하나 들자면, 경기 중 역전 홈런이 터져 관중들의 함성이 경기장을 꽉 매웠어요. 그때 저는 생생한 현장의 소리를 시청자에게 전달하는 게 더 좋겠다고 판단해서 일부러 멘트를 하지 않아요. 그러면 음향 담당자가 관중의 함성으로 음향을 채워야 해요. 그런데 제가 실수했다고 생각하고 마이크를 중계석에 계속 두면 어색한 침묵이 흐르잖아요. 그렇게 방송 사고가 나는 거예요. 그래서 스포츠 중계에 익숙하지 않는 음향 담당자와는 호흡을 맞추기 위해 자주 소통을 합니다.

기술 감독과 카메라 팀도 마찬가지예요. 오래 함께한 팀이라면 "이쯤 되면 캐스터가 일부러 말을 안 할 것"이라는 걸 자연스럽게 이해하고 현장 소리를 키우거나 적절한 화면을 유지하는데, 그 호흡이 맞지 않으면, "왜 말을 안 하지?"라는 오해가 생기고, 그 순간 방송은 흔들리는 거죠.

편 주로 어떤 것을 방송 사고라고 하나요?

한 사실 중계방송에서 일어나는 사고는 아주 짧은 시간의 어색함이에요. 시청자들은 생각보다 예민해요. 화면이 갑자기 어색하게 넘어가거나 멘트와 화면의 맥락이 맞지 않으면 바로 눈치채시더라고요. 예를 들어 캐스터가 커피 이야기를 하고 있는데 다음 화면에 물이 나왔어요. 그 화면이 단 1~2초라도 저한테는 굉장히 길게 느껴지죠. 방송 현장에서 이런 상황은 누군가의 판단이나 호흡이 어긋났다는 신호예요. 그래서 이런 상황이 생기면 방송이 끝난 뒤 반드시 담당자들과 이야기를 나눕니다. 왜 그때 화면을 넘겼는지, 서로 어떤 걸 기대하고 있었는지를 확인하는 과정을 거쳐요. 대체로 누구 한 사람의 실수라기보다 서로의 생각을 미리 공유하지 못한 데서 비롯된 사고일 때가 많거든요. 그래서 중계팀은 끊임없이 피드백을 주고받으며 호흡을 맞춰가야 하지요.

편 좋은 중계는 뭐라고 생각하세요?

한 시청자가 아무것도 거슬리지 않게 느끼는 방송이라고 생각해요. 저한테는 '잘 만들었다'는 말보다 '편하게 봤다'는 말이 최고의 평가로 들려요. 중계팀 전체의 오래된 호흡과 신뢰가 바탕이 되어야 이게 가능합니다.

광주 KIA챔피언스 필드에서 이상훈 위원과 함께. 해설 위원과의 좋은 호흡 (RAPPORT)은 방송 안에서만 중요한 것이 아니에요. 많은 시간을 함께 보내야 그의 인생, 철학, 사고를 읽을 수 있습니다.

중계방송의 노하우가 있나요?

편 중계방송은 대부분 생방송인데요. 중계를 이끌어가는 캐스터의 역할이 정말 중요할 것 같아요. 중계의 노하우가 있다면 말씀해 주세요.

한 이 일은 수영이랑 좀 비슷하다고 생각해요. 왜 제가 수영에 비유하냐면, 수영하는 법을 몰라서 익사할 것 같은 단계가 지나면 다음 과제는 물 위에 떠 있으면서 얼마나 효율적으로 에너지를 쓰느냐입니다. 중계도 마찬가지예요. 경기의 흐름과 장면을 보면서 그 의미를 설명하고 맥락을 만들기 위해 계속 말을 쏟아내는 게 능사가 아니라, 언제 말하고 언제 멈출지를 아는 게 더 중요해요.

편 실황 중계를 하다 보면 말이 막혀서 당황하는 순간도 있지 않나요?

한 이 일을 오래 해도 경기는 실황이라 당황스러운 상황이 전개될 때가 있어요. 예상치 못한 돌발 변수가 생기거나, 해설위원이 갑자기 전혀 다른 방향의 이야기를 꺼낼 때도 있지요. 그런 경우에는 순간적으로 흐름이 흔들릴 수는 있습니다. 하지만 경력이 쌓이다 보니 이제는 "여기서 무슨 말을 해야 하지?"보다는 "이 상황을 어떻게 정리해서 가져갈까?"를 먼저 고민하게 돼요. 중계에서 중요한 건 말의 내용만이 아니라 호흡입니다. 캐스터와 해설위원 사이의 호흡이 어긋나면 시청자도 그 엇박자를 느끼게 되고, 반대로 호흡이 잘 맞으면 말이 많지 않아도 중계는 자연스럽게 흘러갑니다.

가끔은 일부러 제가 멘트를 안 할 때도 있습니다. 이걸 오해하시는 분들도 계시는데, 중요한 장면이나 관중이 가장 열광하는 순간에는 제가 의도적으로 말을 아낍니다. 야구로 예를 들면, 야구장에 직접 올 수 있는 관중은 많아야 2만 5천 명 정도잖아요. 그런데 중계를 보고 계신 분들은 그보다 훨씬 많아요. 그분들은 여러 사정 때문에 현장에 오지 못했을 뿐이지 사실은 그 열기 한가운데 있고 싶었던 분들이죠. 그런 상황에서 제 역할은 설명을 덧붙이는 게 아니라 그 야구장의 공기와 분위기를 그대로 전달하는 거예요. 굳이 멘트로 흐름을 깨느니 현장의 함성을 그대로 전하며 "한번 느껴보세요"라는 선택을 하는 거죠. 그래서 멘트가 생각이 안 나서 당황한다기보다는 일부러 침묵을 선택하는 경우가 더 많습니다.

다른 팀의 경기 결과도 알고 있어야 하나요?

편 중계방송은 항상 같은 팀의 경기만 하는 건 아닐 텐데, 중계방송 준비는 어떻게 하시나요?

한 프로야구는 하루에 5개의 경기가 동시에 펼쳐져요. 제가 한 경기 중계를 맡으면 그 시간에 나머지 네 경기는 물리적으로 볼 수가 없어요. 그렇다고 해서 그 네 경기의 결과를 모른 채로 넘어갈 수는 없죠. 왜냐하면 다음에 중계할 팀의 정보를 알고 있어야 방송을 할 수 있으니까요. 시즌 중 실황 중계 일정은 굉장히 유동적이에요. 예를 들어 주중에는 LG와 두산의 3연전을 중계했다가, 주말에는 KT와 기아 3연전을 중계하는 식으로 매번 전혀 다른 팀 조합으로 바뀌지요. 그날 있었던 다른 네 경기를 분석하고 정리하지 않으면 다음 중계방송을 위해 준비할 정보의 양이 너무 많아서 감당이 안 됩니다. 그래서 저는 시즌 중에는 정보를 정리하는 데만 하루에 3시간 반 정도를 써요.

편 어떤 정보를 취합하는 건가요?

한 제가 중계한 경기는 사전 취재한 내용과 경기 중 있었던 일들을 정리해 놓아요. 업무 기밀 하나를 알려드리자면 "이 이야기는 다음에 꼭 써야겠다" 싶은 것들을 따로 정리해 두는 거예요. 안 그러면 시간이 지나면서 다 잊어버리게 되거든요. 나이가 들수록 더 그렇고요.

그리고 그날 있었던 나머지 네 경기의 결과, 주요 장면, 이슈가 될 만한 포인트들도 매일 정리해 둡니다. 요즘은 기사도 많고 하이라이트를 제공하는 플랫폼도 잘 돼 있어요. 하지만 그래도 가장 좋은 건 직접 경기를 보는 거예요. 기사를 읽거나 하이라이트만 봐서는 경기의 흐름이나 분위기까지 완전히 느끼기는 어렵거든요. 가능하다면 경기를 처음부터 끝까지 보는 게 제일 좋습니다. 하지만 야구 한 경기가 보통 3~4시간인데, 제가 맡은 경기 말고 나머지 네 경기까지 전부 본다면 하루에 16시간 가까이 필요해요. 물리적으로 불가능하죠. 그래서 하이라이트를 보거나 중요한 장면만 발췌해 놓은 자료를 활용하고, 꼭 필요하다고 판단되는 경기는 티빙 같은 플랫폼을 통해 따로 챙겨봅니다.

편 시즌 중에는 이 일을 매일 하신다고요?

한 그렇죠. 중계방송을 끝내고 경기장을 떠날 때 몸은 퇴근하지만 일이 끝난 건 아니에요. 집이나 숙소에 들어가서 매일 이렇게 정리합니다. 다음 중계할 일정에 맞춰 하루 이틀 전에

준비할 수 있지 않을까 생각한다면 오산이에요. 시즌 중에는 이렇게 미리미리, 매일 조금씩 준비해 두지 않으면 감당이 안 됩니다.

이와 관련해서 예전에 선배 한 분이 방송 기자나 캐스터를 왜 '저널리스트'라고 부르는지 아느냐고 한 질문이 아직도 기억에 남아 있는데요. '저널journal'의 어원이 '하루'인데, 매일매일을 기록하고 정리하는 사람이 저널리스트라는 겁니다. 그러면서 "네 역할은 방송을 하는 동시에 하루하루를 정리하는 사람"이라고 하셨어요. 그 말이 저한테 굉장히 와닿았어요. 매일 열리는 경기의 기록도 중요하지만, 몇 년에 한 번씩 열리는 스포츠 이벤트의 기록도 마찬가지로 중요해요. 지금 당장 쓰지 않을 정보라도 언제 쓰일지는 아무도 몰라요. 3연전의 매치업^{Match-up}이 끝나면 또 다른 매치업을 준비해야 하잖아요. 그때 예전에 정리해 둔 기록과 메모가 큰 힘이 됩니다. 그래서 경기 결과뿐만 아니라, 그날 있었던 작은 이슈들, 눈에 띄는 장면들까지도 가능한 한 체크해 두려고 합니다.

편 한 경기의 중계방송을 위해 이렇게 많은 준비를 하시는군요.

한 스포츠 캐스터의 일은 말하는 직업이라고 알려져 있는데요. 저는 말을 잘하기 위해서 '정리하는 직업'이라고 생각합니다. 이건 단순한 성실성의 문제가 아니라 이 일을 오래 하기 위해 반드시 필요한 기본 작업이지요.

중계할 종목의 룰과 중요한 기록도
알고 있어야 하나요?

편 중계방송을 하려면 먼저 그 종목의 규칙과 선수들의 기록 같은 정보를 충분히 숙지하고 있어야겠죠?

한 맞습니다. 선수 경기력이나 기록은 기본이고, 그에 못지않게 중요한 게 규칙이에요. 종목에 따라 차이가 조금은 있지만 생각보다 규칙이 아주 많아요. 그래서 솔직히 말씀드리면 모든 규칙을 100% 다 외우고 있는 건 현실적으로 불가능해요. 대신 오래 일을 하다 보니까 자주 나오는 큰 틀의 규칙들은 몸에 배어 있고, 정말 특이한 상황이 나왔을 때는 기록원들의 도움을 받습니다.

어떤 경기장은 기록원이 바깥의 다른 공간에 있기도 하지만 대개는 화면에 보이지 않는 중계석 옆자리에 앉아 있어요. 이 친구들이 굉장히 중요한 역할을 합니다. 규칙 해석이 필요한 장면이 나오면 기록원들이 즉시 관련 규정을 찾아줘요. 캐스터와 해설위원은 그걸 바탕으로 설명하는 거죠.

편 실제로 그런 돌발 상황이 자주 나오나요?

한 많죠. 2025년에 있었던 일을 예로 들어볼게요. 어느 경기에서 주자가 2루에서 도루를 시도했는데 도루가 성립되려면 포수가 공을 잡아서 1루에 던져야 하잖아요. 그런데 그 과정에서 포수가 던진 공이 타자에게 맞아버린 겁니다. 이러면 "이게 도루가 되는 거냐, 안 되는 거냐"라는 질문이 바로 나오죠. 이런 경우에는 규칙이 정확히 정해져 있어요. 고의든 고의가 아니든 공이 타자에게 맞으면 볼은 '볼 데드^{ball dead}'가 되고, 도루는 성립되지 않습니다. 주자는 무조건 원래 있던 루로 돌아가야 합니다. 제가 예전에 비슷한 상황을 경험해 본 적이 있어서 바로 설명할 수 있었어요. 이렇게 캐스터가 빨리 기억을 떠올려서 말하면 시청자의 이해가 훨씬 빠르죠. 하지만 정확히 모르겠다면 재빨리 기록원의 도움을 받아서 상황을 정리해야 합니다.

편 그런 규칙을 알고 있느냐, 모르느냐에 따라 중계가 달라지겠네요.

한 그렇습니다. 만약 그걸 모르고 있으면 기록원이 규칙을 찾는 동안 중계의 흐름이 잠깐 끊길 수도 있어요. 캐스터나 해설위원이 모든 규칙을 외우는 것도 아니고, 어떤 규칙이 어느 상황에 필요한지 전부 알고 있는 것도 아니니까요. 그래서 그걸 빠르게 찾아서 설명하는 능력이 중요한 거죠. 그렇지만 그런 일로 중계가 위기를 맞이하는 경우는 많지 않아요. 기록원들은 보통 오랫동안 그 일을 해 온 분들이라서 굉장히 숙련돼 있고, 규칙을 찾는 시간이 그리 오래 걸리지 않거든요. 저 역시 예전에 규칙 정리를 집중적으로 해본 경험이 있어서 "이 상황은 이런 이유로 이렇게 처리됩니다"라고 바로 말할 수도 있고요. 하지만 예전에 경험하지 않았던 돌발 상황이 발생할 수도 있으니, 긴장은 늦추지 말아야 하지요.

SPORTSCASTER

LIVE

스포츠 캐스터가 되려면

이 일을 하려면 어떤 소양을 가져야 할까요?

편 스포츠 캐스터에게 가장 중요한 소양은 무엇일까요?

한 가장 중요한 것은 스포츠 자체에 대한 관심과 애정이에요. 이는 남녀를 떠나 공통적으로 요구되는 요소입니다. 스포츠를 좋아하는 마음이 있으면 캐스터로서 성장하는 과정이 훨씬 수월합니다.

편 스포츠를 보는 것만 좋아해도 될까요?

한 가능하다면 직접 해보는 게 더 좋겠죠. 우리나라 TV 채널에 야구 채널, 축구 채널은 없는데 골프 중계를 전문으로 하는 채널은 여러 개가 있어요. 그 이유가 뭔지 아세요? 골프를 치는 사람들이 주 시청층이기 때문이에요. 필드에 나가 직접 골프를 즐기는 사람들이 경기의 흐름도 잘 알고 선수들에 대한 관심도 많아요. 그래서 중계가 활발한 거예요. 반대로 시청자가 직접 해본 경험이 없는 종목은 평상시에 관심이 유지되기가 어렵습니다.

편 스포츠를 직접 해보지 않으면 어떤 차이가 생기나요?

한 학습을 통해 배워서 중계를 할 수 있어요. 그런데 경기의 재미 포인트나 미묘한 감정선을 체득하는 데 시간이 오래 걸려요. 스포츠를 실제로 해본 사람은 특정 상황에서 왜 감독이 작전을 쓰지 않는지, 왜 그 선택이 나왔는지를 자연스럽게 느끼지만, 경험이 없는 경우에는 그 감각을 이해하는 데 더 많은 시간이 필요합니다.

 경험의 차이가 드러나는 대표적인 사례가 있을까요?

 대표적인 예가 2002년 월드컵입니다. 당시 거리 응원 현장에서 직접 "대~~한민국"을 외치며 경기를 경험한 사람과 그 장면을 기록으로만 배운 사람은 이해의 깊이가 달라요. 누가 어떤 상황에서 골을 넣었는지, 그 순간 분위기가 어땠는지는 직접 경험한 사람에게는 그날의 흥분과 기쁨이 자연스럽게 몸에 남아 있어요. 이런 경험의 차이는 중계 멘트의 온도와 공감하는 부분에서 드러납니다. 그래서 가능하면 청소년기에 어떤 스포츠 종목이라도 직접 해보라고 권하고 싶네요.

필요한 역량은 무엇이고, 어떻게 쌓을 수 있을까요?

편 스포츠 캐스터가 되기 위해 가장 중요한 역량은 무엇일까요?

한 많은 사람이 말하기 능력을 떠올리는데 저는 그보다 먼저 성실성을 꼽습니다. 그리고 그 성실성의 전제 조건은 건강입니다. 제가 아나운서팀장을 거의 10년 가까이 하면서 매년 아나운서를 뽑았는데 그때마다 가장 강조했던 것도 결국 이 두 가지였어요.

편 건강을 그렇게 강조하시는 이유가 있나요?

한 아무리 성실하려고 해도 건강하지 않으면 성실할 수가 없습니다. 그래서 저는 지원자들에게 항상 농담처럼 보이지만 "당신은 건강합니까?"라고 질문해요. 여기서 말하는 건강은 단순히 아프지 않다는 뜻이 아니에요. 하루에 지방을 오가며 이동할 수 있는 체력, 새벽에 리포팅을 하고도 다른 방송을 소화할 수 있는 체력, 미국 출장을 가서 정반대 시차로 살아도 방송을 할 수 있는 체력, 한국에 있으면서도 미국 시차에 맞춰 새벽 생방송을 할 수 있는 체력, 이런 현실적인 방송 체력을 말해요. 체력적으로 너무 힘들어서 누워 있다가 갑자기 큐를 받아 방송을 해야 한다면 그 사람이 과연 성실하게 준비하고 안정적인 방송을 할 수 있을까요? 어렵죠. 결국 건강해야 깨어 있는 시간이 생기고, 그 시간 안에서 준비가 가능합니다.

편 그다음으로 중요한 건 무엇인가요?

한 시간 관리입니다. 실황 중계를 하기 위해서는 사전 준비가 많이 필요한데 그게 시간 관리와 관계가 있어요. 예를 들어 A팀과 B팀의 경기를 중계한다고 하면 양 팀 선수 각각 10명씩만 잡아도 20명이에요. 선수 한 명당 최소 5분만 준비해도 100분이고, 양 팀이면 200분이에요. 이 준비를 언제, 어떻게 나눠서 할 건지 스스로 계산하고 시간을 관리해야 합니다.

편 경기를 실시간으로 중계하기 위한 준비를 철저히 하려면 성실한 자세와 계획적인 시간 관리가 필요하다는 말씀이네요. 이렇게 준비를 잘했으면 이제 중계석에 자신 있게 앉으면 되겠어요.

한 준비를 마쳤다고 좋은 중계를 하는 건 아니에요. 다음 문제는 준비한 걸 어떻게 전달하느냐의 문제가 남았죠. 준비한 내용을 똑같은 단어, 똑같은 문장으로 전달하면 시청자는 금방 질려버려요. 이럴 때 전달력이 필요하죠. 커피를 가리키며 "이건 커피입니다"라는 말은 누구나 할 수 있어요. 그런데 "이건 한때 왕이 영생을 꿈꾸며 찾았던 마약 같은 음료입니다"라고 말하면 사람들이 귀를 기울여요. 스포츠 캐스터는 정보를 나열하는 사람이 아니라, 정보를 이야기로 배달하는 사람입니다. 같은 경기를 보더라도 시청자의 귀에 들리도록 전달하는 표현 방식에 대한 고민이 필요하죠.

편 전달력을 키우려면 어떻게 하면 좋을까요?

한 같은 장면에서 다른 맥락을 읽고 다른 해석을 덧붙일 수 있어야 자기만의 중계가 만들어져요. 그러려면 먼저 사물을 보는 다른 시선, 이면을 볼 수 있는 눈을 가져야겠죠. 가장 좋은 훈련은 많이 보고, 많이 느끼고, 많이 읽는 거예요. 그 중에서도 저는 보는 데 1시간을 쓰면, 읽는 데는 3시간을 쓸 정도로 읽는 데 더 많은 시간을 들여야 한다고 생각해요. 똑같이 눈으로 본 것이라도 영상은 빨리 지나가지만, 읽은 것은 오래 남기 때문이죠. 어떤 책의 내용이나 장면, 글귀는 평생 기억에 남기도 하잖아요.

이런 이야기를 신입 아나운서나 후배들에게 하면 처음에

는 다들 가슴이 웅장해집니다. 그러면서 "다 할 수 있을 것
같다", "열심히 하겠다"고 말하죠. 그런데 한두 달쯤 지나서
다시 물어보면 열에 여덟은 이미 대부분을 포기했더라고요.
이 일은 생각보다 어렵고, 오래 걸리고, 지루한 순간이 많기
때문이죠. 힘들어도 그 시간을 견디며 자기만의 관점을 만들
어가야 이 일을 오래 할 수 있다고 생각합니다.

평소의 언어 습관이 중계방송에 영향을 미칠까요?

편 방송을 타고 나간 말은 수정할 수 없다는 어려움이 있어요. 특히나 생중계할 때는 더 조심해야 할 것 같아요. 그래서 평소의 언어 습관이 영향을 미칠 것 같은데, 어떤가요?

한 사람이 흥분하면 자기도 모르게 평소에 쓰던 말투가 나오거나 과도한 표현을 하기도 해요. 저도 아직 가끔 흥분하면 실수를 하고, 그런 실수가 인터넷상에 돌아다니기도 하는데요. 어쩔 수 없죠. 다시는 흥분하지 말자고 자신을 다독이는 수밖에요. (웃음) 하지만 흥분과 긴장은 캐스터에게는 독이에요. 그런 순간에는 자신도 어떤 말을 할지 모르거든요. 보통은 그럴 때 평소 사용하는 언어가 튀어나와요. 사투리를 안 쓰는 사람이 흥분하면 심한 사투리를 쓴다든가, 방송에서 사용해서는 안 되는 단어나 욕설이 나온다던가요. 대중이 수용할 정도라면 재미있는 에피소드로 남겠지만, 눈살을 찌푸리게 하는 욕설이라면 흑역사로 남아 창피하죠. 그래서 청소년 시절에 바른 언어 습관을 가지라는 말을 꼭 해주고 싶어요. 이건 스포츠 캐스터를 꿈꾸는 학생뿐만 아니라 앞으로 어떤 직업을 갖게 되든 필요한 기본 태도라고 생각합니다.

편 언어 습관의 중요성을 강조하는 이유는 무엇인가요?

한 말은 그 사람의 사고방식과 태도를 그대로 드러냅니다. 특히 청소년기에는 말투와 표현이 곧 '그 사람의 이미지'가 됩니다. 반복되는 언어 습관은 그 사람을 평가하는 기준이 될 수도 있어요. 누구나 화가 나면 거칠게 말을 할 수 있습니다. 중요한 건, 그런 표현이 습관이 되지 않도록 관리하는 거예요. 생방송이나 중요한 상황에서는 준비한 말보다 평소에 쓰던 말투가 그대로 튀어나옵니다. 그래서 평소 언어 습관이 곧 위기 상황의 언어가 되어 버려요. 언어 습관이 좋은 사람이라면 문제될 게 없지만, 평소에 거친 표현을 사용하는 사람이라면 무의식중에 언어 습관이 나올 수 있어요. 그러면 방송 사고로 이어집니다.

청소년들을 보면 강해 보이기 위해 거친 말을 쓰는 경우가 있더군요. 하지만 정확한 단어 선택, 차분한 말투, 상황에 맞는 표현만으로도 충분히 자기 주장을 할 수 있어요. 오히려 욕이나 과도한 표현은 대화를 방해하고 사람 사이의 폭을 좁히는 경우가 많습니다.

편 바른 언어 습관은 어떻게 기를 수 있을까요?

한 먼저, 장소와 상대에 따라 말을 조절하는 연습이 필요해요. 같은 생각이라도 표현 방식은 달라질 수 있습니다. 또한 말하기 전에 "이 표현이 꼭 필요한가?", "다른 말로 전달할 수는 없는가?"를 한 번 더 생각하는 습관을 들여보세요. 이런 작은 점검이 쌓이면 자연스럽게 언어가 정제됩니다. 스포츠 캐스터는 말로 상황을 전달하는 직업이에요. 언어 관리가 되지 않으면 실력과 상관없이 신뢰를 잃을 수 있어요.

선수들의 입장을 공감하는 능력도 필요한가요?

편 스포츠 캐스터가 선수의 입장을 공감할 필요도 있을까요?

한 공감 능력이 필요해요. 스포츠 캐스터에게 공감 능력이란 경기 결과 너머에 있는 사람의 삶을 이해하려는 태도라고 생각해요. 선수들이 겪는 기쁨과 좌절은 사실 우리 삶과 크게 다르지 않아요. 다만 스포츠는 그 감정이 극단적으로 드러날 뿐이죠. 그런 감정을 함께 느끼고 시청자에게 전달할 수 있는 능력, 다시 말해 감정을 교감하는 힘이 스포츠 캐스터에게는 중요한 기본 소양이라고 봅니다.

편 경기할 때뿐만 아니라 선수들의 훈련하는 모습도 현장에서 많이 보실텐데요. 선수들이 좋은 성과를 얻기까지 과정을 지켜보면 어떤 느낌이 드세요?

한 올림픽이나 아시안게임이 있을 때 사람들은 그 무대에 오른 선수들만 보니까 은메달이 아쉽다, 메달을 못 따서 어떻게 하냐, 이런 말을 쉽게 하는데요. 저는 좀 다른 마음이에요. 선수들이 그 무대에 오르기까지의 과정을 생각하면 그 자리에 있는 것 자체가 이미 세계 정상급이에요. 그 자리에서기까지 선수들이 지나온 과정은 상상 이상으로 치열합니다.

저는 겨울 시즌마다 쇼트트랙 국가대표 선발전을 오래 중계했어요. 그 현장에 가면 관중은 많지 않아요. 대부분 선수 부모님과 가족들뿐이죠. 그런데 그 함성의 크기와 긴장감은 올림픽 결승 못지않습니다. 그 대회에서 금메달을 따야 올림픽에 갈 수 있기 때문에 사실상 올림픽 금메달보다 더 치열한 경쟁이라고 느껴질 정도예요. 그런 경기를 보면 저절로 선수들을 존중하게 돼요.

편 그 과정에서 캐스터가 느끼는 감정도 남다를 것 같습니다.

한 김연아, 박태환처럼 국가대표로 선발되는 선수들은 정말 대단합니다. 더군다나 올림픽이나 아시안게임에서 금메달을 딴다는 건 세계 정상이 되는 것이라 진짜 어려운 일이에요. 그 선수들은 국가대표가 되기 위해서 참 혹독한 훈련 과정을 겪었죠. 하지만 똑같은 훈련을 했어도 국가대표가 되지 못했거나, 메달의 문턱에서 좌절하고 눈물을 흘리며 결국 은퇴를 선택하는 선수들도 매우 많아요. 이런 장면들은 중계방송에 모두 담을 수는 없지만 현장에서 직접 보면 스포츠가

미국 메이저리그 LA 다저스에서 뛰던 류현진 선수의 스프링 캠프 취재 시.
사진 오른쪽부터 허구연 해설위원, 김선신 아나운서, 류현진, 김선우 해설위원,
그리고 한명재 캐스터.

얼마나 불공평하고 냉정한 세계인지 실감하게 돼요. 예체능
분야는 재능의 차이가 결과로 너무 분명하게 드러나기 때문
에 더 그렇지요.

편 그런 경험이 중계에도 영향을 미치나요?

한 승자의 환희만을 전달하는 것이 아니라, 패자의 좌절과 눈물까지 이해하게 되지요. 스포츠 캐스터는 승자에게는 박수를 보내고 패자의 마음에도 함께 공감할 수 있어야 한다고 생각합니다. 그 감정의 깊이를 이해하면 중계의 톤과 표현도 달라집니다.

대학에 진학하는 게 도움이 될까요?

편 스포츠 캐스터를 꿈꾼다면 대학 진학을 꼭 해야 하나요?

한 현재 채용 사례로 보면 대학을 졸업해야 유리합니다. 스포츠 캐스터는 보통 아나운서 채용 과정을 거치는데 이 과정에서 학력은 성실함을 보여주는 하나의 기준으로 작용해요. 성실함을 객관적으로 증명할 방법이 제한적이기 때문에 학업을 통해 기본적인 신뢰를 쌓는 것이 현실적인 경로입니다. 과거에 고졸 출신 캐스터가 전혀 없었던 것은 아니지만 오래 활동한 사례는 드물어요. 그래서인지 최소한 대학 과정까지 성실히 마쳤다는 점이 하나의 기본 조건처럼 인식되고 있습니다.

편 대학에 진학할 때 어떤 전공을 선택하는 게 도움이 될까요?

한 전공은 전혀 중요하지 않아요. 실제로 현업에는 문학, 전자공학, 물리학, 심리학, 음악 등 매우 다양한 전공을 가진 캐스터들이 있어요. 중요한 것은 전공 자체가 아니라 본인이 배운 전공을 어떻게 스포츠와 연결해 활용하느냐입니다. 전공을 통해 배운 지식은 언제든지 꺼내 쓸 수 있는 하나의 무기가 될 수 있습니다.

 전공 지식을 어떻게 살릴 수 있다는 건가요?

 예를 들어 물리학 전공이라면 야구에서 투수가 시속 150km로 던진 공이 타자에게 도달하는 시간, 약 0.4초라는 수치를 통해 타자가 0.2초 안에 스윙 여부를 결정해야 하는 상황을 설명할 수 있어요. 공의 궤적, 발사각, 비거리 같은 요소들도 모두 물리적인 접근이 가능합니다.

심리학 전공 역시 마찬가지입니다. 결정적인 순간에 실력이 떨어지는 '초킹choking' 현상을 심리학적으로 설명하거나, 압박 상황에서 선수의 심리를 어떻게 이해해야 하는지 풀어낼 수 있어요. 음악 전공자가 스포츠 중계에 쓰이는 음악이나 연출 측면에서 전문성을 발휘한 사례도 있습니다.

 흥미 있는 전공을 선택해 즐겁게 대학 생활을 하는 게 더 도움이 된다는 말씀으로 들려요.

 그럼요. 어떤 전공이라도 스포츠와 결합 되면 또 다른 강점이 될 수 있어요. 스포츠를 전문적으로 배우는 학과도, 스포츠와 전혀 상관 없는 학과도 분명 도움이 됩니다. 그래서 본인이 흥미를 느끼는 전공을 깊이 있게 공부하는 것이 좋습니다. 스포츠 캐스터는 하나의 길만 걷는 사람이 아니라 여러 개의 칼을 가진 무사처럼 다양한 배경을 활용할 수 있는 직업이기 때문이에요.

중계방송을 많이 보아야 할까요?

편 스포츠 캐스터에 관심 있다면 당연히 중계방송을 많이 봐야 할 것 같은데, 어떤가요?

한 많이 보고 듣는 게 이 직업을 알아 가는 가장 좋은 방법입니다. 가능하면 다양한 스포츠 중계를 꾸준히 보는 것이 좋겠고, 좋아하는 스포츠 캐스터가 있다면 그 사람이 진행하는 방송을 집중해서 보는 것을 권합니다. 그렇게 하면 스포츠에 대한 이해가 자연스럽게 쌓일 뿐 아니라 중계가 어떻게 진행되고 어떤 언어가 사용되는지도 함께 배울 수 있어요.

편 단순히 보기만 해도 충분한가요?

한 보는 것에서 한 걸음 더 나아가 따라 해보는 것도 좋습니다. 실제로 중계방송을 따라 읽는 자신의 목소리를 녹음해 들어보세요. 그러면 전달력, 발음, 호흡을 스스로 점검해 볼 수 있고, 말의 리듬을 체득하는 데 효과적입니다.

편 스포츠에 관한 것만 열심히 해도 괜찮을까요?

한 청소년기에 스포츠에 노출되는 경험을 많이 하면 좋겠지요. 학교 체육 활동이나 친구들과의 놀이를 통해 다양한 종목을 직접 경험해보는 것도 큰 자산이 될 거고요. 이 시기에는 전문성을 갖추기 위해 학습하는 것 보다 스포츠와 관련된 직간접적인 경험을 통해 스포츠를 이해하는 폭을 넓히는 것이 더 중요합니다. 스포츠에 대한 기본적인 관심과 지식을 갖추면 그다음으로는 시사, 정치, 사회, 경제, 문화, 예술 등 관심 분야를 넓혀보는 거예요. 스포츠 캐스터가 되겠다는 꿈을 가지고 있더라도 다른 진로를 향한 문은 열어 두어야 해요. 진로는 언제든 바뀔 수도 있잖아요. 이렇게 다양한 분야에 관심을 두면 어느 지점에서든 기회를 잡을 수 있고, 스포츠와 다른 분야를 결합해 새로운 길을 만들 수도 있습니다.

외국어를 잘해야 할까요?

 스포츠 캐스터가 외국어를 사용할 일이 많나요?

 생각보다 많아요. 국제대회에 가면 전 세계 방송인들이 모여요. 예전에 대만 캐스터에게 대만 야구에 대한 정보를 이메일로 받기도 하고, 반대로 한국 자료를 보내 주기도 했는데요. 이런 교류는 대부분 외국어, 기본적으로는 영어를 통해 이루어집니다.

또 외국에서 열리는 경기를 국내 방송할 때도 외국어 능력이 큰 도움이 돼요. 저는 미국에서 스포츠 중계방송을 해왔기 때문에 미국인 관계자나 선수들을 직접 만나 인터뷰를 할 기회가 많았어요. 이럴 때 외국어로 직접 의사소통이 되면 인터뷰나 대화의 깊이가 달라져요. 외국어를 잘하지 못해도 번역 앱의 도움을 받아 무슨 말인지 이해할 수도 있어요. 하지만 번역기는 그 사람이 왜 그렇게 말했는지까지 설명해 주지는 않아요. 스포츠 현장에서는 말의 톤, 맥락, 감정이 중요하기 때문에 그 언어를 알면 훨씬 도움이 됩니다.

 영어만 잘해도 충분하지 않을까요?

 영어는 기본입니다. 다만 영어만으로는 한계가 분명히 있

어요. 예를 들어 일본이나 중국 사람과 영어로 대화한다고
생각해 보세요. 그 사람이 자기 생각을 영어로 한 번 바꾸고,
제가 다시 영어를 해석하는 과정에서 의미가 두 번 왜곡될
수 있어요. 그러다 보면 미묘한 뉘앙스나 진짜 의도가 희석되
는 경우가 생겨요. 만약 영어로 대화하다가도 "이 말의 정확
한 의미가 뭐냐"고 일본어나 중국어로 다시 물어본다면 어떨
까요? 그 순간 대화의 정확도가 확 높아질 거예요. 말 속에
담긴 문화적 맥락이나 감정까지 이해할 수 있기 때문입니다.

08년 일본 큐슈

2013년 7월 LA

2014년 인천 아시안게임

2013년 류현진 첫선발 중계

편 요즘엔 정말 스포츠의 국경이 없어서 외국어 능력이 중요할 것 같아요.

한 축구나 야구를 포함해 스포츠는 전 세계가 연결된 구조로 움직이고 있어요. 국경의 의미가 약해지는 분야죠. 그래서 외국어 능력이 중요합니다. 영어는 기본으로 하고 가능하다면 일본어나 중국어 중 하나를 더해 두면 좋습니다. 외국어 하나를 습득하는 것도 어려운데 여러 개 언어를 공부하라는 뜻은 아니에요. 여러 언어에 관심을 가지고 가벼운 대화를 할 정도의 실력을 갖추면 좋겠다는 말이지요. 완벽하지 않더라도 기본적인 의사소통만 가능하다면 현장에서 얻을 수 있는 정보와 기회는 확실히 달라집니다.

어떻게 스포츠 캐스터가 되는 건가요?

편 스포츠 캐스터가 되는 방법은 무엇인가요?

한 크게 두 가지 경로가 있습니다. 오랫동안 유지된 방식대로 아나운서 채용을 통해 방송사에 입사하는 거예요. 여전히 많은 스포츠 캐스터가 이 경로를 밟고 있어요. 그런데 요즘 스포츠 캐스터를 직접 선발하는 스포츠 전문 채널이 생겼어요. 매년 정기 채용을 하는 건 아니고 인원이 필요할 때 제한적으로 채용하는 방식이에요. 게다가 이 경우에도 신입보다는 경력자를 선호하는 경향이 강합니다. 그래서 현실적으로 가장 안정적인 경로는 아나운서로 입사하는 거예요.

편 아나운서로 입사하고 난 뒤에는 어떻게 스포츠 캐스터로 활동할 수 있나요?

한 아나운서는 스포츠 중계만 하는 직업이 아니라, 교양 프로그램 MC, 뉴스 진행, 예능까지 폭넓은 영역을 포함해요. 방송사는 잠재력 있는 인재들을 일단 아나운서로 채용한 뒤 내부에서 각자의 성향과 역량에 따라 분야를 나눠 가는 구조입니다. 아나운서 중에는 활동하고 싶은 분야가 명확한 사람들이 있어요. 저나 김성주 아나운서처럼 스포츠 캐스터를 목표로 하는 사람도 있고, 요즘에는 전현무 씨처럼 예능으로 커리어를 확장하려는 목표를 가진 사람도 많아요. 그러면 보통은 본인이 원하는 분야에서 경험을 쌓도록 지원해요. 물론 스포츠 캐스터가 되려면 아나운서로서 갖춰야 할 업무 역량을 습득하는 게 먼저고, 업무가 익숙해지면 조금씩 캐스터의 역량을 넓혀 가게 됩니다.

SPORTSCASTER

스포츠 캐스터가 되면

스포츠 캐스터의 업무는 어떻게 배우나요?

편 입사한 다음 스포츠 캐스터의 업무는 어떻게 배우나요?

한 도제식 교육에 가까워요. 선배들로부터 필요한 지식이나 기능을 배우는 거죠. 요즘엔 조금 달라졌지만 제가 일을 배웠던 방식을 먼저 이야기해 볼게요. 중계방송 현장에 선배와 함께 나가는 날은 경기하는 두 팀의 기록을 정리해서 "오늘 방송은 이 기록지 기준으로 하시면 됩니다"하고 중계하는 선배님께 드렸어요. 그러고 나서 저는 삼루 쪽이나 외야에 자리를 잡고 혼자 중계 연습을 해요. 그때는 핸드폰도 없던 시절이라 휴대용 녹음기를 들고 "여기는 동대문야구장입니다. 오늘은 봉황대기 결승전, △△고와 ○○고의 경기입니다." 이렇게 실제 중계처럼 녹음을 했죠. 이때는 선배가 하는 중계방송을 흉내 내는 게 아니라 제가 중계방송을 한다고 생각하고 실전처럼 연습했어요. 선배들이 경기 일부를 중계하고 그걸 녹음해 오라고 숙제를 내주었거든요.

편 현장에서 경기를 보면서 중계 연습을 한 거네요.

한 네, 관중석에 앉아 혼자서 야구 경기의 2이닝, 3이닝 정도를 실제 경기 속도에 맞춰 계속 중계하고 녹음을 했어요.

그러다 보면 주변에서 술 드신 아저씨들이 와서 "뭐 하는 거예요?"라고 묻기도 하고 별의별 상황이 다 생깁니다. 그렇게 말을 거는 사람이 있어도, 주변이 시끄러워도, 그걸 다 감수하고 해야 해요. 실황 중계라는 게 결국 어떤 환경에서도 말을 해야 하는 일이라 그런 경험이 나중에 도움이 되죠.

그렇게 녹음한 걸 선배들에게 그대로 제출하면 선배들이 다 코멘트를 해주셨어요. "여기는 좋다", "이 상황에서는 이런 멘트보다는 저런 멘트가 낫다", "여기서는 너무 급했다" 같은 식이죠. 선배들이 후배들의 중계 연습을 굉장히 정성스럽게 봐주셨어요. 그 마음에는 후배의 기본기 훈련도 있지만, 중계 준비를 도와준 후배에게 주는 일종의 보상도 있었을 거예요. 돌이켜보면 그렇게 주고받는 시간이 자료 준비 차원에서도, 실전 중계에서도 굉장히 중요한 훈련이었어요.

편 요즘에는 뭐가 달라졌나요?

한 많이 달라졌어요. 과거에는 방송국마다 합평회도 자주 했어요. 방송 끝나고 다 같이 모여서 중계를 틀어 놓고 "여기 오프닝은 왜 이렇게 했지?", "이 장면에서는 말이 너무 많지 않았나?" 이런 이야기를 공개적으로 나눴습니다. 지금 생각해 보면 꽤 힘든 과정이죠. 요즘 후배들은 녹음해 오라고 하면 부담스러워하고, 공개적으로 피드백 받는 것에 스트레스를 크게 느끼죠. 그래서 이쪽 분야를 포기하겠다고 말하는 후배들도 있어요.

그런데 저는 생각이 좀 달라요. 산의 정상은 하나지만 산을 오르는 방법은 여러 가지예요. 빙빙 돌아가든 능선을 타고 가든 정상에 오르기까지 쉬운 길은 없어요. 중계도 마찬가지로 지름길이나 쉬운 길은 없어요. 한 발 한 발 힘들게 올라가야 정상에 도착합니다. 그런데 만약 케이블카를 타고 정상에 올라간 사람이 있다고 해봐요. 그 사람이 정상을 밟은 건 사실이지만 등산의 과정은 모르니까 누가 물어봤을 때 진짜 등산을 했다고는 말할 수 없을 거예요. 힘들게 올라가서 맡아본 정상의 공기와, 쉽게 올라가서 맡아본 공기는 전혀 다릅니다. 중계도 마찬가지예요. 중간 과정은 생략하고 정상에서 시작하고 싶은 사람이 많은데, 이 일이 그렇게 할 수 있는 것도 아니고, 운이 좋아서 정상에서 시작한다고 해도 오래 가지 못합니다.

편 준비하고 연습하는 시간, 자신을 단련하는 충분한 시간이 필요하다는 말씀이군요.

한 그렇습니다. 물리적인 시간이 필요해요. 스포츠 중계는 녹화 방송이 아니라 실시간 생방송이잖아요. 긴장하면 발음이 꼬이기도 하고, 머리로는 알고 있는데 말이 먼저 튀어 나가 버리는 경우도 정말 많아요. 이런 건 수없는 연습을 통해서 숙달되지 않으면 절대 해결되지 않아요. 계속 녹음하고, 들어보고, 다른 사람의 의견을 듣고, 다시 고치는 과정을 거쳐야 합니다. 그걸 견딜 수 있는 사람이 결국 중계를 할 수 있게 되는 거죠.

편 다른 사람의 피드백을 충분히 수용하지 못하면 어떻게 되나요?

한 합평이나 모니터링을 힘들어하면 자기 객관화가 어려워질 수 있어요. 요즘 어느 정도 방송을 해본 친구들이나 현업에 들어온 후배 중에는 자기 확신이 아니라 자아도취라고 할까요, 일종의 나르시시즘에 빠진 친구들이 있어요. 자기가 한 중계방송을 듣고 "나도 꽤 괜찮은데? 선배들이랑 큰 차이 없어 보이는데?"라는 생각이 드는 순간이 위험해요. 이 친구들도 피드백을 받긴 하는데, 누구한테 피드백을 구했냐고 물어보면 "엄마 아빠한테 들려줬어요"라고 합니다. 부모님은 당연히 백 퍼센트 잘했다고 하죠. 가족은 절대 냉정할 수가 없거든요.

문제는 시청자들은 전혀 그렇게 보지 않는다는 점이에요. 시청자나 대중은 굉장히 냉정합니다. 프로야구만 해도 하루에 다섯 경기가 동시에 열려요. 시청자는 그중에서 5분의 1을 '선택'해서 보는 거예요. KIA 팬이라고 해서 무조건 KIA 경기 중계를 보는 것도 아닙니다. 중계진이 마음에 들지 않으면 다른 경기로 넘어가거나 소리를 줄이고 화면만 봅니다. 그 선택지가 항상 열려 있다는 것을 중요하게 생각해야 해요.

요즘은 갈등을 피하려는 성향의 사람들이 많아서 누군가에게 솔직한 평가를 하거나 받는 걸 부담스러워합니다. 하지만, 이 직업은 그걸 피하면 절대 성장할 수 없어요. 불편하더라도, 상처가 되더라도, 냉정한 시선으로 나를 봐줄 수 있는 사람의 피드백을 들어야 합니다. 그래야 내가 지금 어느 수준에 있는지, 그리고 어디를 더 고쳐야 하는지가 보여요. 스포츠 중계는 '나는 잘하고 있다'라는 확신으로 버티는 일이 아니라, '아직 부족하다'라는 감각을 잃지 않고 계속 다듬어 가는 일이에요.

스포츠 중계석은 어떤 공간인가요?

편 중계석에 앉아 있는 스포츠 캐스터를 가장 많이 본 것 같아요. 중계석을 주요 일터라고 봐도 될까요?

한 대중에게 보이는 모습으로 치면 그렇게 볼 수도 있겠네요. 그런데 스포츠 캐스터의 전체 업무로 보면 중계석에 앉아 있는 시간은 일부이고, 중계석은 또 경기장의 일부니까, 스포츠 캐스터의 일터는 경기장 전체라고 봅니다. 앞에서도 이야기했듯이 스포츠 캐스터는 경기 시작 전에 경기장에 와서 팀의 감독과 코칭스태프, 선수들을 만나 인터뷰하는 시간을 가지는데, 이 업무가 중계방송을 준비하는 과정에서 아주 중요해요. 또 중계방송은 경기가 펼쳐지는 그라운드의 소식, 경기를 관람하는 관중의 모습까지 경기의 모든 것을 시청자에게 전달합니다. 그러니 경기장이 스포츠 캐스터의 일터라고 봐야겠지요. 하지만 현장 중계가 아니고 외국 경기의 영상을 받아 보면서 중계하거나 녹화 중계를 할 때는 실내 방송실이 일터가 되겠네요.

편 중계석은 어떤 특징이 있나요?

한 야구 경기장 중계석은 경기가 가장 잘 보이는 위치해 있어요. 이건 다른 스포츠 종목도 마찬가지인데요. 실시간으로 경기 진행 상황을 말로 전달하려면 이런 공간이 필요합니다. 그런데 아쉬운 점은 이 공간이 매우 좁다는 거예요. 캐스터와 해설위원 두 사람이 앉으면 꽉 차고, 기록원까지 세 명이 앉으면 거의 움직일 공간이 없어요. 화면에는 보이지 않지만 보통은 방송을 도와주는 기록원이 옆에 앉아 있어요. 모니터가 양옆에 놓여 있고 뒤쪽도 여유가 거의 없어서, 체격이 큰 선수 출신 해설위원들과 함께 있으면 더 중계석이 꽉 차게 느껴집니다. 그래도 세 사람만 있으면 괜찮은데 해설위원이 두 명이라면 공간이 부족해 기록원이 부스 안에 앉지 못하고 중계석 바깥에 따로 앉아 메신저로 정보를 보내줍니다.

편 화면에 보이지 않는 모습이 있네요. 그러면 시설 개선이 필요하지 않나요?

한 예전에 비하면 지금은 많이 좋아진 거예요. 그렇지만 오래전에 지어진 구장들은 구조상 한계가 있어 부스를 넓히는 데 어려움이 있습니다. 관계자들도 문제를 인식하고 있지만 쉽게 바꾸기 어려운 현실이 있습니다.

편 중계방송을 보면 관중의 함성도 들리던데 앞이 트여 있나요?

한 유리 창문이 있어요. 창문을 닫고 방송할 수도 있는데 저는 열어 두고 해요. 창문을 닫으면 중계석에서 지르는 소리가 유리에 반사돼서 마이크를 타고 들어와 '탁, 탁' 튀는 음이 생겨요. 저는 그게 거슬려서 창문을 열어요. 다른 이유도 있어요. 창문을 닫으면 현장의 소리와 완전히 단절돼요. 현장 중계석의 장점은 그라운드에서 들리는 생생한 소리와 관중의 함성과 열기를 그대로 보고 듣고 느낄 수 있다는 거예요. 그런데 창문을 닫으면 그런 현장감이 사라지고 멀리서 들려와요. 현장의 공기와 분위기를 느끼고, 느낀 대로 시청자에게 전달하는 것도 중계의 중요한 요소인데, 모니터만 보며 중계할 거라면 굳이 현장에 있을 필요가 있을까 싶네요.

그래서 불편한 점도 있기는 해요. 냉난방 시설이 중계석에 있는데도 창문을 열어 놓고 방송하니 여름에는 덥고 겨울에는 춥습니다. 하지만 창문을 닫고 편하게 중계하고 싶은 마음은 아직도 없어요. 관중들도 같은 환경에서 경기를 보고 있고 선수들은 그보다 더 힘든 조건에서 뛰고 있잖아요. 같은 환경에서 경기를 바라봐야 중계에서도 편견 없는 시선이 나온다고 생각합니다.

편 중계석에서 타구 소리를 들으면 어떤 타구라고 예측도
가능한가요?

한 어느 정도는 가능해요. 중계를 오래 하다 보면 소리만 듣
고도 홈런인지, 깊은 타구인지 감이 옵니다. 그런데 그 감이

🎤 2022항저우 아시안게임 배구 해설위원으로 함께 했던 문성민 선수와 함께.

항상 맞는 건 아니에요. 펜스를 넘길 타구가 바람의 영향으로 밀려 들어오는 경우도 있고, 반대로 예상보다 더 뻗어나가는 경우도 있어요. 그래서 감이 왔더라도 섣불리 어떤 타구라고 예측하는 말은 하지 않아야 해요.

서울 고척돔에서 진행된 2024메이저리그 서울 시리즈 중계방송. 오른쪽부터 윤덕영 기록원, 김선우 위원, 한명재 캐스터, 송재우 위원.

근무 시간과 휴일은 어떻게 되나요?

편 스포츠 캐스터의 근무 시간과 휴일은 일반 직장과 다를 것 같아요.

한 흔히 말하는 '아침 9시 출근, 저녁 6시 퇴근' 같은 직장 생활은 거의 불가능해요. 경기 일정에 따라 근무 일정과 휴일이 결정되고, 국내 경기든 해외 경기든 중계 시간을 기준으로 근무 시간이 정해져요. 어떤 종목을 맡느냐에 따라 근무 시간도 달라지는데요. 저의 경우를 예로 들면 프로야구 시즌 중에는 대체로 오후 2시부터 밤 10시까지 일하고, 시즌이 끝난 겨울에는 프로농구나 프로배구 경기가 열리는 시간이 근무 시간이 됩니다. 또 해외 스포츠를 맡으면 새벽이나 이른 아침에 중계를 해요.

편 그런 근무 형태가 주 52시간제와 충돌하는 문제는 없나요?

한 한 주에 여러 경기가 몰리는 경우가 있어요. 특히 중요한 경기일수록 경험 많은 캐스터가 투입될 수밖에 없어서 업무가 특정 인물에게 집중되기도 해요. 그래서 한 주에 집중적으로 중계를 맡긴 뒤, 다음 주나 그다음 주에 한 주를 통으로 쉬게 하는 식으로 탄력적으로 조정해요. 과거에는 주 6일 근무를 하는 때도 있었는데, 지금은 그런 일이 많이 줄었고, 프리랜서 캐스터를 포함해 비교적 유연하게 운영하는 방향으로 바뀌고 있습니다.

편 일반 직장인들이 쉬는 시간에 근무하는 데서 오는 어려움도 있겠어요.

한 가족들과 평범한 저녁을 보내지 못하는 게 가장 아쉽죠. 또 주말이나 연휴, 명절에 스포츠 이벤트가 집중되다 보니 가족 일정과 맞추기 어렵고, 그것으로 힘들어하는 캐스터들도 적지 않아요. 그렇지만 오전 경기 중계를 맡으면 이른 출근 후 이른 퇴근이 가능하기도 해서 상황에 따라 장점이 되기도 합니다.

스포츠 캐스터의 연봉은 어느 정도인가요?

편 스포츠 캐스터의 연봉은 어느 정도 수준인가요?

한 회사 소속일 경우에는 일반 아나운서와 크게 다르지 않아요. 직급과 연차에 따라 기본급이 정해지고, 거기에 맡은 프로그램의 수당을 따로 받습니다. 방송사마다 직급 체계는 조금씩 다른데요, 공무원처럼 1급에서 9급까지 세분되지는 않고 4급에서 5급 정도로 나뉩니다. 보통 신입 아나운서는 4천만 원 정도이고, 10년 차 정도 되면 9천만 원 정도로 직급에 따라 연봉은 오릅니다.

편 중계방송 횟수가 연봉에 반영되나요?

한 회사 소속이라면 수당이 조금 있어요. 하지만 방송을 적게 하면 연봉이 크게 줄고, 많이 하면 크게 느는 건 아니에요. 프로야구 중계를 주 3회 하다가 주 1~2회로 줄어도 월급이 크게 줄어들지는 않아요. 기본적으로 연봉제이기 때문에 업무량보다는 직급이 기준이 됩니다.

편 프리랜서로 전향하면 수입 구조는 어떻게 달라지나요?

한 프리랜서는 개인의 역량에 따른 편차가 매우 큽니다. 회

🎤 <베이스볼 투나잇> 스튜디오에서 정민철, 박재홍 위원과 함께.
경기 전 후로 진행되는 다양한 스포츠 프로그램에 출연하기도 합니다.

사 소속일 때는 수입이 적어질 일도 없지만 일이 많아도 수입
이 훨씬 많은 것도 아니에요. 그런데 프리랜서는 수입의 상한
선이 없어요. 중계뿐 아니라 스포츠 토크쇼, 각종 프로그램,
외부 활동 등을 병행할 수 있고, 일한 만큼 벌 수 있는 구조
입니다. 다만 수입의 안정성은 줄어들죠.

<최강야구>시즌4에서 이종범 감독, 정민철 위원, 수훈 선수 임민수와 함께.
스포츠 예능에서는 중계뿐만아니라 프로그램 진행도 맡게 됩니다.

편 프리랜서 스포츠 캐스터가 많은가요?

한 그렇게 많지는 않아요. 프리랜서 스포츠 캐스터는 아직까지 진입 장벽이 높은 편이에요. 개인의 실력, 인지도, 신뢰도가 수입을 거의 전적으로 좌우하기 때문에 준비 없이 바로 프리랜서로 나서는 것은 쉽지 않습니다. 일정 수준 이상의 경력과 경쟁력이 있어야 합니다.

편 앞으로 프리랜서 비중은 더 커질까요?

한 점점 늘어날 가능성이 있습니다. 방송 시장이 변화하면서 방송사에서 경험을 축적한 사람들이 프리랜서로 전환하는 경우가 늘어나고 있어요. 아나운서가 방송사 소속이었다가 프리랜서로 독립하는 것과 마찬가지라고 생각하면 됩니다.

이 직업의 매력은 뭐라고 생각하세요?

편 이 직업의 매력은 뭐라고 생각하세요?

한 제가 좋아하는 스포츠를 현장에서 볼 수 있다는 점입니다. 그것도 관중석이 아니라 경기를 가장 잘 볼 수 있는 자리

🎤 대구 시민야구장에서 삼성 라이온즈 레전드 이만수 전 감독, 박동희 기자와 함께. 어려서 응원했던 레전드를 만나는 것은 스포츠캐스터에게 최고의 선물이기도.

에서요. 야구로 치면 홈플레이트 뒤쪽, 심판 시야와 거의 같은 곳이 가장 좋은 곳이에요. 이 위치에서는 투수와 타자의 움직임, 타구 방향, 주자의 판단을 한눈에 볼 수 있습니다. 일반 관중이 익숙한 외야 시점보다 경기 흐름을 읽기에 훨씬 유리한 자리입니다. 원래라면 돈을 내고 표를 사서 봐야 할 경기를 돈을 벌면서 본다는 점이 이 일의 큰 장점입니다.

편 중계석에서 보면 관중석에서 보는 것과 차이가 큰가요?

한 차이가 커요. 외야에서는 거리가 멀어 세부적인 플레이를 보기 어려워요. 그래서 "차라리 TV 중계가 더 잘 보인다"라고 말하는 관중도 있어요. 중계석에서는 그런 한계 없이 경기의 디테일을 정확히 볼 수 있습니다. 그렇게 봐야 경기의 흐름을 가장 정확하게 파악하고 그 장면을 제 언어로 시청자에게 전달할 수 있어요.

편 또 어떤 매력이 있을까요?

한 현장 중계에 앞서 중계팀은 그날의 방송을 어떻게 이끌어 갈까 회의를 해요. 그날 경기하는 팀의 상황을 봤더니 연승의 분위기라면 연승을 이어갈 수 있을지가 관전 포인트가 될 거고, 연패하는 팀이라면 과연 위기의 상황에서 벗어날 수 있을까가 관중의 주요 관심사겠죠. 또 코리안 시리즈 중이라면 경기마다 긴장감이 감돌고 어느 팀이 이기느냐에 촉각이 곤두서 있습니다. 수많은 경기 중에 그날이 그날 같은 경기는 없어요. 한 경기 한 경기 다 흐름이 있고 그 경기를 통해 이뤄야 할 목표가 있어요. 제작진은 그런 분위기와 맥락을 간파하고 방송의 방향을 정합니다. 정해진 방향에 맞춰 방송으로 실행하는 것은 스포츠 캐스터의 몫이에요. 그래서 저는 제작진이 원하는 분위기와 맥락에 맞춰 이야기를 풀어낼 수 있다는 점도 이 일의 매력이라고 생각합니다.

언제 보람을 느끼세요?

편 이 일을 하면서 보람을 느끼는 순간은 언제인가요?

한 저는 스포츠를 좋아하고 그 스포츠를 말로 전하는 일이 좋아서 이 일을 시작했어요. 처음부터 유명해지고 싶은 마음은 없었어요. 그런데 일을 하다 보니 시청자들이 알아봐 주고 기억해 주는 순간들이 생겼어요. 그 자체가 저한테는 큰 보람이고 고마운 일입니다.

편 팬덤도 있으신 것 같은데요?

한 팬덤이 생긴 것도 감사한 일이에요. 때로는 욕도 먹고 비판도 받는데 그것 역시 관심의 표현이라고 생각합니다. 오히려 아무 반응이 없는 것보다 사람들이 기억해 주고 이야기해 주는 게 좋은 일이지요.

편 특히 기억에 남는 순간이 있나요?

한 2009년 한국시리즈 때 있었던 일입니다. KIA 타이거즈가 오랜 부진을 끝내고 우승을 했어요. 나지완 선수가 끝내기 홈런을 쳤던 그 순간에 제가 "자 왼쪼오오오오옥!! 끝내기!!! KIA 타이거즈 우승!!! 나지완이 해결사였습니다!! 12년 만에 KIA 타이거즈가 우승을 차지합니다!"라고 외쳤어요. 그러고 나서 "지난 12년 동안 듣고 싶었던 얘기를 제가 지금 해 드리겠습니다. 2009년 정규리그 우승은 KIA 타이거즈입니다!"라고 클로징 멘트를 했지요. 그 중계 멘트를 아직까지 기억해 주시는 팬들이 계십니다. 시간이 꽤 흘렀는데도 그 장면을 떠올려 주신다는 게 놀랍고 고맙지요.

편 검색해 보니 말씀대로 그 멘트를 기억하는 분들이 정말 많으시더라고요.

한 나지완 선수가 은퇴한 뒤에 함께 프로그램하면서 들은 이야기인데, 나지완 선수의 아들이 아버지의 홈런 장면과 제 중계 멘트를 틀어놓고 따라 한다고 하더라고요. 또 어떤 팬은 그 멘트를 녹음해 두고 힘들 때마다 듣는다는 이야기도 전해 들었죠. 그런 이야기를 들으면 제가 한 말이 누군가의 기억 속에 남아 있다는 사실에 감사하지요.

내가 좋아해서 시작한 일이 누군가에게 기쁨이나 위로가 될 수 있다는 걸 알게 되니까 이 일을 더 잘해야겠다는 책임감, 일종의 사명감 같은 것이 생겼습니다. 그래서 더 정성스럽게 시청자의 마음에 다가갈 멘트를 준비하려고 노력하지요.

중계를 잘하려면 어떤 노력을 해야 할까요?

편 중계를 잘하려면 어떤 노력을 해야 할까요?

한 중계라는 게 생각보다 쉽지 않습니다. 현장을 눈으로 보면서 동시에 그 상황을 바로 말로 풀어내야 하거든요. 아는 만큼 보이고 보이는 만큼 말할 수 있기 때문에 이걸 동시에 해내려면 기본기가 탄탄해야 해요. 저는 실황 중계를 예전 라디오 중계에 자주 비유하는데요. 라디오 야구 중계를 떠올려 보면, "전국의 야구팬 여러분 안녕하십니까. 여기는 동대문야구장입니다. 오늘은 선린상고와 경북고의 결승전입니다. 1번 타자 누구, 2번 타자 누구, 쳤습니다. 유격수 땅볼, 6-4-3 더블 플레이" 이런 식이에요. 이게 굉장히 단순해 보이지만 사실은 실황 중계의 핵심입니다. 이 기본을 몸에 익히지 않으면 중계를 잘하기는 어렵습니다.

요즘은 화면에 정보가 다 나옵니다. 몇 회인지, 스코어가 얼마인지, 타자와 투수 이름까지 다 표시되죠. 그래서 굳이 말로 설명하지 않아도 된다고 생각하기 쉬운데 오래된 시청자들일수록 그런 '고전적인 중계 리듬'에 대한 향수가 있어요.

그리고 스포츠 중계에는 구조적인 맹점이 하나 있습니다. 시청자들이 스포츠를 항상 집중해서 보지는 않는다는 점이에요. 대부분은 TV를 켜 놓고 다른 일을 하다가 소리를 듣고 화면을 힐끗힐끗 보는 정도예요. 그런 이유로 캐스터의 목소리, 톤, 전달력이 시청자를 다시 화면 앞으로 끌어당기는 역할을 해야 합니다. "어, 지금 뭐지?"하고 고개를 들게 만드는 순간이 필요하다는 거죠. 그건 결국 기본기 문제입니다. 전달력, 발음, 음가, 아나운싱의 정확성, 그리고 요즘 말로 하면 '샤우팅' 능력까지 포함됩니다. 중요한 순간에 정확한 발성으로 상황을 전달할 수 있어야 해요. 이건 아나운서들이 받는 기초 교육과 거의 같은 영역이라고 봅니다. 아무리 흥미로운 상황이라도 시청자가 말을 알아듣지 못하면 실패한 중계입니다.

사실 캐스터가 가장 조심해야 할 게 과도한 흥분이에요. 저도 가끔 그렇지만, 너무 흥분하면 말이 뭉개지고 전달이 안 됩니다. 그건 최악의 중계죠. 예를 들어 "이건 커피입니다. 정말 맛있는 커피입니다"라고 차분하게 전달해야 할 걸, "커피! 커피!" 이렇게 소리만 지르면 아무 정보도 전달되지 않아요. 그건 동네 아저씨의 감탄과 다를 게 없어요. 그래서 선배들이 하던 옛날 라디오식 중계 연습이 여전히 중요합니다. 정말 중요한 순간에는 그런 기본적인 리듬과 발성이 자동으로 튀어나올 수 있을 정도의 훈련이 돼 있어야 해요.

이 일은 어떤 어려움이 있을까요?

편 생중계를 하는 방송의 특성상 힘들 때가 많을 것 같은데, 어떤 어려움이 있나요?

한 거의 매일 일정한 긴장감을 안고 가는 느낌이에요. 시즌 중에는 겉으로 드러나지 않는 압박이 계속 쌓입니다. 화려하게 보이는 직업이지만 실제로는 굉장히 성실하게 준비하고 연습해서 실력을 쌓아야 유지할 수 있는 일이기 때문이에요. 앞에서도 이야기했듯이 시즌 중에는 자신이 중계하는 한 경기뿐만 아니라 그날 있었던 나머지 네 경기의 결과와 중요한 기록, 선수들의 현황 등을 알고 있어야 해요. 이건 쉬는 날에도 마찬가지입니다. 경기가 있는 날은 언제 어디서든 그날그날 정보를 정리해 놓아야 다음 중계의 준비가 되는 거거든요. 이런 과정들이 계속 반복되다 보니 시즌 중에는 시간적인 압박을 굉장히 많이 받게 됩니다. 하지만 그걸 관리하지 않으면 다음 중계의 완성도가 바로 떨어지기 때문에 결국 이 과정을 계속 이어갈 수밖에 없어요. 그래서 저는 이 직업을 학생들에게 설명할 때 항상 '성실함'에 대한 이야기를 강조하지요.

[편] 매일 성실하게 정보를 수집하고 정리해야 하네요. 이렇게 시즌 중에 준비하는 것으로 방송 준비는 다 된 건가요?

[한] 그러면 좋겠지만 야구 캐스터의 시즌은 실제 개막보다 훨씬 먼저 시작됩니다. 보통 12월 말이나 1월부터 전년도 기록을 정리하고, 시상식과 선수 이동 상황을 파악하며 시즌 준비에 들어갑니다. 이후 스프링캠프를 따라가 선수들의 훈련과 컨디션을 직접 확인하고 3월 시범경기부터는 본격적으로 경기장 생활이 시작되지요.

또 시즌과 시즌 사이에 생기는 변화를 따라잡아야 하는 것도 중요한 일입니다. 프로야구는 매년 새로운 선수들이 대거 합류해요. 한 시즌에 새로 유입되는 선수만 해도 100명이 넘어요. 그 선수들의 이력과 역량을 살펴보고 자료로 정리해 두어야 합니다. 여기에 팀을 이동하는 선수, 은퇴하는 선수, 감독·코치 교체까지 겹치면 팀의 색깔과 전략이 계속 바뀝니다. 이런 변화를 놓치지 않기 위해 늘 정보를 확인하고, 관계자들과 소통하며 안테나를 세워두고 있어야 하지요.

[편] 준비하는 것만 해도 꽤 할 일이 많은데요. 또 다른 어려움은 없을까요?

（한） 물리적으로 오래 앉아 있어야 한다는 것도 어려움에 속하지요. 축구나 농구는 경기 시간이 정해져 있어서 대체로 그 시간을 많이 넘기지는 않아요. 시간제한이 없는 배구나 탁구 같은 종목도 평균적인 시간 안팎에서 경기가 끝나요. 그런데 야구는 평균 경기 시간도 3시간 정도로 긴 편이고 결과가 날 때까지 시간제한 없이 승부를 가리기 때문에 몇 시간을 더 연장할 수 있어요. 과거에는 4~5시간을 넘기는 경기도 있었고, 가장 길었던 경기는 거의 6시간 가까이 중계한 적도 있습니다. 경기가 끝날 때까지 스포츠 캐스터는 중계석을 떠나서는 안 되니까 그것도 어려운 일이지요.

한 가지 더 어려운 점은 계속 말을 해야 한다는 거예요. 긴 공백 없이 상황을 계속 설명하되 같은 이야기를 반복해서는 안 돼요. 그러려면 준비가 많이 필요합니다. 매 순간 새로운 정보를 꺼내서 다르게 표현해야 하기 때문에 체력과 집중력도 동시에 요구됩니다.

직업적 습관이나 질병이 있나요?

편 일을 오래 해서 생긴 직업적인 습관이나 직업병도 있을 것 같습니다.

한 몇 가지 있어요. 먼저 하나는 잠꼬대입니다. 저는 전혀 모르고 있었는데 가족 말로는 잠꼬대할 때 발음이 굉장히 또렷하다고 하더군요. (웃음) 방송 톤은 아니지만, 평소 말하듯 명확하게 말한다고 해서 저도 놀랐습니다.

그리고 방송 전에 반드시 지키는 개인적인 루틴이 있어요. 준비 과정에서 해야 할 것들이 있는데 그중 하나라도 빠지면 괜히 불안해집니다. 야구 선수들이 경기 전에 반복하는 습관처럼 제 몸과 마음이 그 루틴에 익숙해진 거죠.

편 아나운서 출신으로서 생기는 습관도 있지 않나요?

한 그건 거의 모든 아나운서가 비슷할 겁니다. 방송을 보거나 말을 들으면 자연스럽게 발음이나 문장의 어색함, 이른바 비문이 귀에 걸립니다. 의식적으로 안 하려고 해도 직업적으로 몸에 밴 습관이죠. 예전에 방송사에서 팀장을 맡고 있을 때는 후배들이 제가 쉬는 날을 특히 부담스러워했어요. 후배들 방송을 볼까 봐요. 보면 아무래도 눈과 귀에 걸리는 것들이 있지요. 방송이 끝나고 나서 조심스럽게 피드백을 전달하기도 해서 아무래도 긴장할 수밖에 없죠.

편 그래도 그 피드백은 도움이 되지 않나요?

한 그렇다고 생각하지만, 당사자가 부담스러울 수도 있다는 것도 알고 있어요. 그래서 저 역시 과하게 예민하게 보지는 않으려고 해요. 이런 직업적인 습관은 피하려고 해도 완전히 없어지지는 않더라고요. 그래도 잘 쓰면 결국 일에 도움이 되는 방향으로 작용한다고 봅니다.

스트레스는 무엇이고 어떻게 해소하나요?

 이 일을 하면서 받는 스트레스는 무엇인가요?

 스트레스는 주로 중계방송이 생방송이라는 데서 옵니다. 한 번 나간 말은 되돌릴 수 없기 때문에 긴장감과 부담이 항상 있어요. 생방송에서 오는 스트레스가 기술적인 실수나 개인의 문제라고 생각하기 쉬운데, 실제로는 팀 내 소통이 잘되

광주 KIA챔피언스 필드에서 윤덕영 기록원, 김선우 위원, 김희주 아나운서와 함께.
출연진만 방송에 나오지만 많은 스태프들이 공동 작업을하고 있어요.
그들의 노고가 우리의 말로 완성됩니다.

지 않을 때 방송이 흔들리는 데서 문제가 발생해요. 캐스터, 해설위원, 제작진 사이의 호흡이 어긋나면 방송의 완성도가 떨어지고, 그게 쌓이면 스트레스로 이어집니다.

편 스트레스가 쌓이면 어떻게 해소하시나요?

한 제가 함께 일해 온 채널에서는 중계가 끝나면 팀원들과 함께 식사하는 문화가 있었어요. 그 자리에서 방송 중에 생겼던 오해나 아쉬운 점을 자연스럽게 이야기하지요. 그러다 보면 스트레스도 풀리고, 다음 방송을 위한 방향도 함께 정리하게 됩니다. 단순히 밥을 먹는 자리가 아니라, 서로의 생각을 맞추고 팀워크를 회복하는 시간인 거죠. 사실 방송이 잘 안되었을 때 이런 소통의 시간이 더 중요해요. 문제를 바로 풀지 않으면 갈등으로 남을 수 있기 때문입니다. 그날그날 방송의 아쉬움을 정리하고 갈등을 해결하면 다음 방송을 새롭게 시작할 수 있어요. 스트레스를 해소하는 동시에 팀 전체가 조금씩 더 나아지는 방향을 찾는 계기가 됩니다. 개인적으로는 그 시간이 오히려 힐링이 된다고 느낄 때도 많아요. 스포츠 캐스터의 스트레스는 생방송과 팀워크에서 나오지만, 같은 팀과 솔직한 소통으로 가장 잘 풀립니다.

생중계할 때 조심해야 할 말이 있나요?

편 말은 한 번 나가면 수정하거나 취소할 수 없다는 생방송의 어려움을 이야기해 주셨어요. 그래서 조심해야 할 것이 많을 것 같은데요. 어떤 말들일까요?

한 중계에서 꼭 지켜야 할 원칙이 몇 가지 있어요. 그중 하나가 평가하지 않는 것입니다. 중계는 평가가 목적이 아니라 시청자의 이해를 돕는 일이에요. 선수의 플레이를 단순히 잘했다, 못했다가 아니라, 왜 어려운지, 어떤 맥락에서 나온 선택인지를 설명해야 해요. 그 과정에서 해설위원과 캐스터가 각자의 역할을 지키며 균형을 맞추는 것이 가장 중요하다고 생각합니다.

편 요즘엔 선수 출신 해설위원이 많아서 선수들의 플레이를 더 정확한 눈으로 볼 것 같은데, 어떤가요?

한 선수 출신 해설위원들은 누구보다 선수들의 플레이를 잘 이해하고 예리한 눈으로 판단하는 능력이 있어요. 그런데 경우에 따라서 시청자의 눈높이와 맞지 않을 때도 있습니다. 세계 정상급 무대에서 선수 생활을 했던 선수 출신 중에는 "저 상황에서는 저렇게 하면 안되고 이렇게 해야 합니다"라고

본대로 해설하는 경우가 있어요. 세계 정상급 기량을 펼쳤던 경험이 있기 때문에 그런 반응이 나올 수 있다고 저는 이해해요. 그런데 문제는 그런 시선이 여과 없이 방송으로 나가면 대부분의 시청자와 현재 경기에 뛰고 있는 선수 모두에게 박탈감을 줄 수 있어요. 그런 말이 나왔는데 그대로 두면 해설위원이 비판을 받게 되고, 중계 전체의 분위기도 무너질 수 있습니다.

편 그럴 때 스포츠 캐스터는 어떻게 대응해야 하나요?

한 캐스터는 그 발언에 맞장구를 치거나 옳다고 전달할 게 아니라 시청자가 이해할 수 있는 언어로 풀어주는 역할을 해야 합니다. 예를 들어 "방금 말씀하신 플레이는 누구나 쉽게 할 수 있는 플레이는 아니지요", "일반적인 선수에게는 굉장히 어려운 선택일 수 있습니다"라는 식으로 난이도를 설명해 주는 거예요. 경우에 따라서는 캐스터가 비판을 대신 감수하면서까지 균형을 맞출 필요도 있습니다.

편 균형을 맞추는 게 중요하군요.

한 해설위원 중에는 선수로서 크게 주목받지 못했지만 해설에서 좋은 평가를 받는 분들도 있어요. 그런 분들과 함께 중계할 때는 프로 무대에서 오랜 기간 백업 선수로 활동했다는 사실 자체가 얼마나 어려운 일인지, 많은 선수들이 한 시즌도 버티지 못하고 사라진다는 현실을 함께 설명해서 시청자는 그 위원의 가치를 새롭게 이해하도록 돕는 역할이지요.

해설위원과 캐스터 모두에게 필요한 공통된 태도는 해당 종목에 대한 깊은 이해입니다. 플레이 하나가 얼마나 어려운지, 그 동작을 완성하기 위해 얼마나 많은 시간이 필요한지에 대한 감각이 없으면 판단이 거칠어지기 쉬워요. 특히 캐스터가 "왜 저걸 못하지?"라는 시선으로 중계를 하면 시청자에게 강한 반감을 살 수 있기 때문에 특히 조심해야 합니다.

SPORTSCASTER

궁금한 이야기

스포츠 캐스터는 모든 종목을
중계할 수 있어야 하나요?

편 올림픽이나 아시안게임 중계방송을 보면 아나운서들이 여러 종목을 맡아 캐스터로 활약하더라고요. 그런 걸 보면 스포츠 캐스터는 어떤 종목이라도 중계할 수 있어야 할 것 같은데, 어떤가요?

한 스포츠 캐스터는 기본적으로 맡겨진 종목은 모두 할 수 있어야 합니다. 축구, 야구, 농구, 배구와 같이 프로 경기가 있는 종목은 시즌 중에 중계방송을 하기 때문에 어느 한 종목을 주력으로 삼고 다른 종목을 함께 할 수 있어요. 그런데 올림픽이나 아시안게임은 4년에 한 번 열리고 종목도 수십 가지입니다. 이런 종합대회에서는 여러 종목을 맡아야 합니다.

편 종합대회가 열리면 개최지에 가서 중계방송을 하는 건가요?

한 종합대회의 중계 방식은 한 가지로 고정돼 있지 않아요. 현장에 직접 가서 중계를 하는 게 많기는 하지만, 스튜디오에서 화면을 보면서 중계하기도 합니다. 개최지의 여건에 따라 방식이 달라요. 2022년에 열리기로 했던 항저우 아시안게

🎤 2022항저우 아시안게임 현장에서 박재홍, 정민철 위원과 함께.

임이 코로나19로 2023년에 개최되었을 때는 현장에서 직접 중계한 적도 있고, 현장 상황이 여의치 않을 때면 별도의 중계 부스를 꾸려서 방송하기도 했어요. 또 모든 인원이 현장에 갈 수는 없어서 IBC(국제방송센터)에서 중계하거나 그마저도 어려우면 서울 상암 스튜디오에서 화면을 보면서 더빙하듯이 생중계하기도 했습니다.

편 종합대회 중계팀에 참여하면 여러 종목을 경험하는 기회가 되기도 하지만 준비할 것도 많아 어렵겠어요.

한 여러 종목을 빠르게 이해하고 중계해야 하기 때문에 어려워요. 그런데 이런 종합대회에서 다양한 스포츠 종목을 직접 경험하면 나중에 큰 자산이 됩니다. 요즘은 스케이트보드처럼 예전에는 없던 종목들도 정식 종목으로 들어오고 있는데, 그런 변화에도 유연하게 대응할 여유가 생기죠.

일을 잘하기 위해 평소에 노력하는 것도 있나요?

편 일을 잘하기 위해 평소에 노력하는 것도 있나요?

한 많이 읽으려고 노력해요. 신문을 기본으로 읽고, 국내에 많지는 않지만 스포츠 관련 서적이나 잡지들도 읽어요. 그것만 꾸준히 봐도 기본적인 정보를 얻을 수 있고 스포츠계의 변화와 흐름을 따라잡기에 충분한 도움이 됩니다. 그리고 스포츠와 관련 없는 것들도 관심을 가지고 봐요. 방송할 때는 스포츠 이야기만 하는 건 아니에요. 삶에 대한 이야기도 하고, 요즘 날씨가 어떤지, 왜 요즘 야외 활동하기 좋은지 같은 이야기도 하게 됩니다. 그러다 보니 읽을거리는 꼭 스포츠 기사일 필요가 없어요. 신문 기사일 수도 있고, 소설일 수도 있고, 시나 시집도 좋습니다. 이런 것들이 다 중계 멘트의 재료가 됩니다.

편 방송에서 책 이야기도 하시던데, 인용하거나 참고하는 책들은 어떤 기준으로 고르시나요?

한 방송에서 실제로 자주 인용하는 책들은 굉장히 보편적인 작품들이에요. 최근에 방송에서 인용하려고 떠올렸던 작품은 교과서에 실렸던 시, 이현승의 〈가을의 기도〉였어요. 어릴 때 모두가 한 번쯤 배웠던 작품이죠. 가장 보편적인 것은 결국 우리 모두가 공통으로 배웠던 것들이라고 생각합니다. 같은 시대를 살아온 사람이라면 기억 속에 남아 있는 문장, 이미지, 정서가 있기 마련이거든요. 그래서 요즘은 오히려 교과서를 다시 한번 들여다보려는 생각도 하고 있습니다.

편 보편성을 중요하게 생각하게 된 이유가 있을까요?

한 대중을 상대로 하는 일이기 때문이에요. 특정한 사람만 아는 책을 인용하기 보다, 많은 사람이 공감할 수 있는 언어가 더 중요해요. 예를 들어 노벨문학상을 탄 한강 작가의 소설처럼 유명한 작품도 읽어보지 않은 사람에게는 낯설 수 있습니다. 제가 어느 책에 나온 한 문장을 인용했을 때 시청자가 '아, 나도 그거 알지!'하고 수긍하지 않고, '저게 무슨 말이지?'라고 반응한다면 시청자와 거리감이 생길 수 있어요. 그래서 많은 사람이 알만한 책을 소재로 사용하려고 합니다.

이것은 선배가 알려 준 거예요. 제가 일을 배우던 시절에 선배가 "베스트셀러 5위 안에 드는 책은 읽었든 안 읽었든 제목 정도는 알고 있어라", "시청률이 높은 드라마는 못 봤더라도 어떤 이야기인지는 알고 있어라"하고 조언을 했어요. 그게 대중적인 일을 하는 사람의 기본 소양이라는 이야기였는데, 그 말을 지금도 실천하려고 노력하고 있습니다.

 대중의 관심사를 알아야 한다는 말씀이네요.

 그렇죠. 중계하다 보면 트렌드를 따라가는 감각도 필요하다고 느껴요. 이 일이 트렌드를 선도할 필요는 없지만 뒤처지지 않을 정도의 감각은 있어야 해요. 요즘 뭐가 유행하는지, 사람들이 어떤 것에 관심을 갖는지 정도는 알고 있어야 중계가 시대와 동떨어지지 않습니다.

요즘은 연예인들이 시구를 하러 많이 오는데요. 시구하는 연예인이 누구이고, 어떤 그룹이고, 소속사는 어디다, 이런 정도의 기본적인 정보는 기록원들이 정리해 줍니다. 그런데 그 사람의 음악이나 이미지, 출연했던 작품에 대해 전혀 모르고 기록원이 건네준 자료만 보고 이야기를 하면 깊은 이야기를 할 수가 없어서 생동감이 없어요. 그럴 때 저는 가족 찬스를 쓰죠. 제 딸이 지금 대학생이라 요즘 유행하는 가수나 아이돌에 대해서 제일 잘 알거든요. 예를 들어 아이브의 장원영이 시구를 온다고 하면 바로 전화해서 묻습니다. "이 친구는 어떤 이미지야?", "음악은 어때?", "요즘 인기 있는 곡은 뭐야?" 이런 식으로요. 그럼 저는 실제로 음악을 깊이 알지는 못해도 적어도 "아이브는 이런 그룹이고, 장원영은 이런 이미지의 멤버이며, 최근에는 이런 곡으로 활동하고 있다" 정도는 정리해서 말할 수 있어요.

어쩌면 아주 사소해 보일 수도 있습니다. 하지만 제 중계를 보는 사람 열 명 중 한 명만이라도 "아, 장원영이라는 친구가 그런 가수구나. 아이브는 그런 팀이네. 한번 들어봐야겠다"라고 느낀다면 그걸로 제 역할은 충분하다고 생각합니다. 이렇게 중계는 누군가에게 새로운 정보를 처음 연결해 주는 창구가 될 수 있어요. 그 정도만 해도 시청자에게 방송이 조금 더 친근하게 느껴질 수 있어요.

우승콜은 어떻게 준비하는 건가요?

편 스포츠 중계에서 우승 팀이 확정되는 순간을 알리는 스포츠 캐스터의 멘트를 '우승콜'이라고 하던데, 2024년 한국시리즈 기아 타이거즈가 우승한 순간 한명재 캐스터님의 우승콜이 큰 화제가 되었어요. 그 멘트 아직 기억하세요?

한 또렷이 기억합니다. "1987년 이후 지난 37년간 이곳 광주에서는 그 누구도 듣지 못했던 이야기, KIA 타이거즈가 2024년 정상에 오릅니다. 광주, 우리 시대에 가장 큰 아픔을 야구로 극복한 도시에서 타이거즈는 운명이자 자랑이었습니다. 그런 KIA 타이거즈가 7년 만에 프로야구 챔피언에 오릅니다." 이 멘트가 그렇게 큰 화제가 되리라고는 생각하지 못했고, 정치적인 의도 같은 것은 전혀 생각하지도 않았어요. 다만 2024년 우승이 가진 맥락이 굉장히 특별했어요. 해태 타이거즈 시절부터 KIA 타이거즈까지 이 팀은 우승을 굉장히 많이 했어요. 하지만 아이러니하게도 단 한 번도 홈에서 우승을 해본 적이 없었습니다. 모두 원정에서 우승했죠. 1987년 이후 처음으로, 2024년에 광주에서 우승을 확정했거든요. 그래서 "1987년 이후 30여 년 만에 이곳 광주에서는 처음 들어보는 이야기, KIA 타이거즈가 우승을 차지했습니다"라는 멘트가 자연스럽게 나왔습니다.

편 그 멘트가 광주 지역에서는 특히 더 의미 있게 받아들여진 것 같아요.

한 그렇습니다. 2024년에 한강 작가의 노벨상 수상도 있었고, 광주라는 도시가 가진 맥락을 생각하다가 "아픔을 치유해 온 도시"라는 표현을 썼는데, 광주 지역 분들께서 굉장히 좋게 받아들여 주셨어요. 이후에 지역 언론과 인터뷰도 몇 차례 했고요. 이게 어찌 보면 제가 시대를 관통해서 뭔가를 던졌다기보다는 시대의 흐름이 이제는 그런 말을 받아들일 수 있는 시점이 되었다고 느꼈습니다. 예전 같았으면 마음속에 있어도 꺼내기 어려운 말이었을 겁니다.

편 타이거즈라는 팀이 광주·호남 지역에서 갖는 의미도 크잖아요.

한 굉장히 커요. 타이거즈는 광주와 호남 사람들에게 단순한 야구팀이 아니라 자부심 그 자체죠. 그런데 한동안은 그 자부심을 드러내는 것조차 조심스러워했던 시절도 있었어요. 어디 가서 이야기하면 괜히 다른 시선으로 비칠까 봐요. 그런 역사적 맥락까지 겹친 상황에서 홈에서의 첫 우승이라는 장면은 그냥 경기 결과 이상의 의미가 있었고, 그걸 멘트로 담아내고 싶었던 거죠.

편 2011년 한국시리즈 우승콜 "보고 계십니까? 들리십니까? 당신이 꿈꿔왔던 그 순간! 삼성 라이온즈입니다."는 지금도 많은 사람들이 기억할 정도로 감동적이었던 멘트로 깊은 인상을 남겼어요. 이 멘트에 얽힌 사연이 있다면서요?

한 그 멘트는 사실 장효조 선수에 대한 개인적인 기억에서 출발했습니다. 장효조 선수는 현역 선수들도 굉장히 좋아했던 선수였고, 그 선수가 몸담았던 팀에서 감독을 한 번도 해보지 못한 채 세상을 떠났죠. 감독이 되고 싶어 했지만 이루지 못한 장효조 선수의 꿈, 그런 아쉬움이 제 안에 남아 있었습니다. 그래서 "보고 계십니까? 들리십니까? 당신이 꿈꿔왔던 순간!"이라는 멘트는 장효조 선수를 떠올리면 애도한 것도 맞지만, 그 시대를 함께 지나온 사람들의 이루지 못한 꿈들에 대한 메시지도 담고 싶었어요.

편 캐스터님의 우승콜을 들어보면 경기의 결과만이 아니라 우승의 과정과 팬들의 마음이 모두 어우러져 있어요. 스포츠와 시대, 사람들의 마음을 읽고 시원하게 축배를 하는 기분

이랄까요. 이런 우승콜을 준비하는 무슨 비결이 있나요?

한 이런 멘트는 누구나 조금만 고민하면 만들어낼 수 있어요. 다만 고민의 재료가 있어야 해요. 그 재료는 결국 체험입니다. 직접적인 체험일 수도 있고, 간접적인 체험일 수도 있죠. 책을 읽거나, 장소를 직접 가보거나, 사람들의 이야기를 듣거나 하는 것들입니다. 2024년 KIA 타이거즈가 우승하면 어떤 우승콜이 좋을까 고민할 때 과거의 기억이 떠올랐어요. 한때 5월 중순이 되면 광주 홈경기가 거의 없던 시절이 있었어요. 집회가 열릴까 봐 경기 편성이 안 되던 시기였죠. 제가 한 5, 6년 전에 광주에 중계하러 갔다가 경기 끝나고 숙소에서 전남도청까지 걸어간 적이 있어요. 5월 19일쯤으로 기억하는데요. 전남도청 앞에 서서 그때 어떤 일이 있었을까를 상상해 봤어요. 당시의 상황을 온몸으로 체감했다고 말할 수는 없지만 그 장소가 품고 있는 기억이 제가 맡은 공기로 전달되는 것 같은 느낌이 들었어요. 그걸 느꼈던 경험이 분명히 제 안에 남아서 그런 우승콜을 할 수 있었던 거죠. 특별한 재능이 있어서라기보다는 역사와 시대를 얼마나 이해하고 있는가의 문제라고 봅니다.

편 스포츠 캐스터의 소양과 관련되는 문제 같아요.

한 그렇죠. 종목에 대한 이해만 있으면 그건 그냥 전문인입니다. 하지만 폭넓은 방송인이 되려면 역사와 사회, 사람의 감정까지 함께 이해할 수 있어야 합니다. 스포츠는 결국 사람이 하는 것이고 그 사람이 사는 시대와 분리될 수 없거든요. 그래서 저는 스포츠 캐스터가 시대와 사람을 읽는 노력을 간과하면 안 된다고 생각합니다. 직접적인 체험이든 간접적인 체험이든 그런 경험의 축적이 있어야 중계가 설명하는 차원을 넘어서 사람들의 마음에 오래 남는 말이 될 수 있어요.

야구라는 종목의 특성이
중계방송에도 영향을 주나요?

편 야구는 다른 종목보다 지역성과의 연결이 강한 스포츠인 것 같습니다. 중계방송도 그런 특성을 반영하나요?

한 야구는 기본적으로 지역 기반 스포츠예요. 요즘 젊은 팬들은 특정 선수나 팀의 스타일을 좋아해서 응원하는 경우도 많지만, 예전에는 훨씬 더 지역민의 정서가 바탕이 됐죠. 지금도 그 흐름이 완전히 사라진 건 아니고요. 그래서 야구 중계가 더 특별하게 느껴지는 부분이 있는 것 같습니다.

편 그런 지역 정서를 잘 담아내는 것도 중계의 노하우일 것 같아요.

한 야구팬이 가지는 지역 정서를 존중하는 자세가 필요해요. 저는 중계를 오래 하면서 각 지역과 구장이 가진 역사, 그 공간을 지켜온 팬들의 시간이 얼마나 중요한지 알게 되었고, 그 문화를 존중해야 한다고 생각해요. 그래서 야구장과 관련한 이야기도 중계의 중요 포인트 중 하나가 되었는데요. 프로야구가 출범한 지 40년이 넘다 보니 기존 구장들의 수명이 다해 구장을 옮기는 일이 생겨요. 최근에는 대전 구장이 한밭종합운동장 야구장에서 환화생명볼파크로 옮겼습니다. 1964년에 개장한 한밭종합운동장 야구장은 프로야구가 출범한 1982년부터 3년 동안 OB 베어스의 홈구장으로 사용되었고, 1986년부터 빙그레 이글스(현재 한화 이글스)의 홈구장으로 사용되었다가 구장이 낡고 작아 그 옆에 새 야구장을 세웠어요. 2024년 새 구장으로 옮겼던 시기에 한화가 계속 하위권에 머물러 있었는데, 저는 중계하면서 "지금은 힘들지만 언젠가 우승하는 날이 오면, 묵묵하게 팀을 지켜줬던 이 야구장을 기억하게 될 것"이라는 취지로 한밭야구장에 작별을 고했죠.

사실 대전 구장은 저한테는 개인적으로 의미가 남다른 구장이었어요. 제가 대전에서 중고등학교 시절을 보냈는데, 처음으로 야구를 봤던 곳이 거기예요. 야구장 근처에서 친구들하고 놀았던 추억도 있지요. 또 이 일을 시작한 초창기 시절에 오가며 느꼈던 야구장의 분위기, 시간이 흐르며 변하는 모습, 거기서 만났던 선수들, 감독들도 다 기억나요. 그래서 대전 구장의 고별전은 저의 추억을 정리한다는 생각으로 준비했어요. 이런 느낌은 저만의 것이 아니었더라고요. 오랜 시간 대전 구장을 찾았던 팬들도 저의 마음과 같았다는 걸 알고 그것도 큰 행운이라고 생각했죠.

대전 한밭야구장과의 작별 멘트 2024년 6월 29일

오늘이 이제 짧게는 39년, 길게는 60년을 함께한 대전 한밭야구장,

혹은 한화생명이글스파크의 마지막 날입니다.

이곳은 항상 인생이 시작되고 마무리되는 곳이었죠.

엄마 아빠를 따라왔던 어린아이부터 친구, 연인과 함께

온 젊은이들, 그리고 자식, 손자들과 함께 온 어르신들까지.

봄날의 향긋함과 여름날의 무더위, 가을의 긴장감까지 함께 느끼며

울고 웃었죠.

이곳에서 우리들은 적어도 한 가족이었습니다.

우리는 이곳에서 인생을 배웠습니다.

오늘의 환희도, 내일 경기 전까지는 힘든 절망도 언젠가는 끝이

난다는 것.

그리고 힘든 이번 가을을 보내도 언젠가 희망찬 새봄이 온다는 것.

오늘 우리는 한화생명이글스파크를 역사 속에 남겨두고 떠납니다.

비록 예전만큼 자주 오진 못하고 생각하진 못하겠지만 이곳에서의

모든 순간을 기억하겠습니다.

언젠가 한화이글스는 정상에 오를 겁니다.

우승의 기쁨과 함성 그리고 눈물 속에서도 누군가는 떠올리겠죠.

최강 한화를 외치던, 그리고 항상 행복을 노래했던 2024년의

가을도, 묵묵히 40년을 지켜준 이곳 한화생명이글스파크를 말입니다.

함께해 준 오래된 친구, 대전 한화생명이글스파크, 한밭야구장,

고맙습니다.

 새로운 구장으로 옮기는 일이 축하할 일이지만 오랫동안 정들었던 팬들에게는 섭섭한 마음이 크겠어요. 그 마음을 대신 알아주는 캐스터님의 말이 팬들의 가슴에 오래도록 남은 것 같아요.

 감사하게도 많은 야구팬들이 기억해 주시더라고요. 2015년 대구 시민운동장 야구장에서 치러진 kt wiz와의 정규 시즌 마지막 경기를 제가 중계했을 때도 그 공간이 가진 의미를 담아서 클로징 멘트를 했어요. "보고 계십니까? 들리십니까? 당신이 뛰었던 꿈의 구장도, 이제 역사 속으로 사라집니다. 그러나 당신과 함께했던 추억은 결코 사라지지 않을 겁니다. 그리고 34년간 멋진 추억을 남겨둔 대구 시민 야구장, 고맙습니다." 이런 멘트였는데, 대구 지역 팬분들이 굉장히 좋게 받아주셨어요. 앞서 말씀드린 장효조 선수 이야기도 마찬가지고요. 이런 것들은 단순히 경기 상황을 설명하는 차원을 넘어서, 그 지역과 팀, 그리고 그 시간을 함께 살아온 사람들에 대한 이야기라고 생각합니다.

특별히 기억에 남는 경기가 있나요?

편 이벤트가 있는 야구 경기가 열리기 전부터 '한명재 캐스터의 이번 멘트는 무엇일지 궁금하다.'라고 기대감을 나타내는 팬들이 많던데요. 특별히 기억에 남는 경기가 있을까요?

한 제가 연차가 있다 보니 언제부터인가 은퇴 경기 중계를 좀 많이 하게 되네요. 가장 인상 깊었던 경기는 2017년 10월 3일 이승엽 선수의 은퇴 경기입니다. 그날 이승엽 선수는 1회 말 투런 홈런을 날리고 3회 말 솔로 홈런을 쳤어요. 두 번째 홈런을 보면서 제가 "오른쪽이에요!!! 이 타구는 높게 떠서 돌아오지 않습니다! 이승엽! 연타석 홈런! 우리는 이 선수를 어떻게 보낼까요! (30초 동안 침묵 후) 이승엽의 연타석 홈런! 10월 3일 5시 49분, 야구팬은 이 순간을 잊을 수 없을 것 같습니다. 저는 한 번도 이렇게 멋진 은퇴 경기를 본 적이 없습니다."라고 말을 했죠. 그날 정말 "이승엽은 본인의 마지막 경기에서도 이승엽이었습니다."라는 말이 저절로 나오는 대단한 경기였습니다. 하지만 이런 명장면이 탄생한 경이로운 경기일지라도 이승엽 선수의 현역 시절을 끝마치는 마지막 경기라는 것에는 변함이 없어요. 명예롭지만 쓸쓸한 여운을 감출 수 없는 게 선수들의 은퇴 경기입니다.

운동선수에게 은퇴는 남다른 의미가 있어요. 보통 초등학교 3, 4학년부터 운동을 시작해 인생의 절반 이상을 운동만 하기 때문에 은퇴는 삶의 거의 전부와 작별하는 거예요. 일반 직장인은 회사를 그만두더라도 다른 회사로 이동해서 같은 일을 할 수 있잖아요. 또 오랫동안 한 분야에서 일하는 게 어려운 것도 아니고요. 그런데 운동선수는 은퇴하면 자신의 전부였던 운동이 끝나요. 정말 잘했던 선수들은 은퇴 경기를 통해 명예로운 은퇴를 하지만 그런 행운을 누리는 선수는 매우 드물어요. 대부분의 선수는 그라운드 뒤에서 사라지는 거죠. 그래서 가능하면 은퇴하는 선수들과 그 선수를 사랑한 팬들에게 인상에 남을 만한 멘트를 찾으려고 노력합니다.

편 말씀을 듣고 보니 선수들의 성장 과정을 옆에서 지켜봤기 때문에 더 애정이 가는 게 아닐까 싶네요.

한 그렇죠. 선수들이 신인 시절부터 성장하는 과정, 전성기에 이르러 왕성한 활동을 하는 모습, 그리고 나이가 들어 기량이 쇠퇴하는 그 모든 과정을 지켜봤잖아요. 그래서 남의 일 같지가 않아요. 기왕이면 팬들이 저와 같은 마음으로 선수들을 기억해 주었으면 하는 바람으로 인상에 남는 멘트를 준비하려고 노력하죠. 그런 이벤트 경기의 중계를 여러 번 했더니 이제는 제가 중계하면 조금 더 감회가 남다른 것 같다며 은퇴 경기나 구장 고별 경기 같은 이벤트 경기의 중계를 맡아달라는 요청도 들어와요. 최근에는 작년이었죠, 2025년 9월 30일 오승환 선수의 은퇴 경기 중계를 했습니다.

이승엽 선수 은퇴식 클로징 멘트

이승엽 선수, 우리 세대의 타자였습니다.
우리와 함께 데뷔했고,
우리와 함께 웃었고, 울었고, 기뻐했고, 슬퍼했던 타자입니다.
우리 세대의 선물을 오늘 우리는 우리 가슴속에 새깁니다.
정말 우리에게 이 많은 추억을 안겨줘서 고맙습니다.
당신은 라이언 킹이 아닌
우리에게는 베이스볼 킹이었습니다.
잊지 않겠습니다.
당신이 얼마나 당당했고 자신 있는 선수였는지.
절대 배신하지 않는다는 당신의 땀과 눈물,
그리고 그 가치까지 잊지 않겠습니다.
보고 계시죠, 듣고 계시죠,
당신이 함께한 역사는 당신이 어디에 있든
우리 가슴에 영원히 남을 것입니다.
고맙습니다. 이승엽

오승환 선수 은퇴식 클로징 멘트

오승환 선수 이전에는 삼성은 타격의 팀이었다면
오승환 선수가 오면서 투수의 팀이 됐고, 또 오승환 선수가
온 이후에 우승을 여러 차례 이뤄냈습니다.
앞서 영구 결번도 됐습니다만, 선수로서의 모습은
오늘 이곳 대구 삼성 라이온즈 파크에서 마지막입니다.
이곳에 있는 이만수, 장효조, 양준혁, 이승엽이 그랬던 것처럼
이곳에서 언제나 팬들과 함께 숨 쉬고 있을 겁니다.
그의 뒷모습은 언제나 승리였었죠.
숨 막히는 한 점 차 승부도, 여유로운 석 점 차 경기도.
그의 등장은 언제나 승리의 설렘이었습니다.
리더는 맨 앞에서 큰 파도와 맞서서, 맞서주어야 하는
존재라고 합니다.
아마 삼성에게 오승환은 그런 리더였던 것 같습니다.
항상 그가 있었기 때문에 승리를 지켰고,
또 불안해하지 않았으니까요.
이제 저희도 우리 당대 최고의 투수를 서서히 보내주어야
될 시간이 된 것 같습니다.
우리와 함께했던 21년의 세월, 어떻게 단 몇 마디로
표현을 할 수가 있을까요.
참 많았던 추억과 기적을 만들어주어서 고맙습니다.
아마도 머지않은 시간에 이곳 삼성 라이온즈 파크에서,

혹은 다른 곳에서 삼성 라이온즈는 정상에 오를 겁니다.

그리고 새로운 왕조의 서막도 보게 되겠죠.

그럴 때 누군가는 기억할 겁니다,

FINAL BOSS의 굳게 다문 입술과, 그의 등장 곡

'Lazenca, Save Us'를요.

그리고 또 기억하겠죠,

그가 지켜주었던 427번의 승리와 그와 함께했던 5번의 우승.

우리 시대 최고의 투수, 끝판 대장,

FINAL BOSS. 고맙습니다.

-2025년 9월 30일

스포츠 중계는 앞으로 어떻게 변할까요?

편 스포츠 중계방송 시장에 어떤 변화가 있나요?.

한 과거에는 지상파가 스포츠 중계의 중심이었지만 점차 스포츠 비중이 줄어들었고, 그 자리를 스포츠 전문 채널이 채웠어요. 그런데 최근에는 이마저도 변화하고 있어요. 주요 해외 스포츠나 인기 경기는 유료 채널을 넘어 OTT 플랫폼으로 이동하고 있습니다. OTT 플랫폼의 확산은 스포츠 캐스터에게도 영향을 미쳐요. 시청자가 돈을 내고 특정 스포츠를 선택해서 보는 구조에서는 당연히 '잘하는 캐스터'를 원합니다. 이 때문에 OTT 업체들은 급이 높은 캐스터와 해설위원을 확보하려고 적극적으로 움직여요. 이는 곧 실력 있는 캐스터에 대한 수요가 늘어난다는 뜻입니다.

편 그럼 스포츠 캐스터의 전망에도 변화가 있겠어요.

한 AI라는 변수는 있지만, 그 부분을 제외하면 시장 자체의 전망은 나쁘지 않다고 봅니다. 스포츠는 이제 국내에만 머무르지 않고 전 세계 콘텐츠로 소비되고 있어요. 내가 보고 싶은 리그, 보고 싶은 선수를 찾아서 보는 시대이기 때문에 시장의 외연은 계속 넓어지고 있습니다. 또 과거보다 경쟁은 치열해졌지만, 기회가 열리는 방식은 훨씬 다양해졌어요. 이 세계에 진입해 실력만 있다면 무대는 하나가 아니라 여러 개이고, 접근성 역시 점점 좋아지고 있는 거죠. 그런 점에서 지금은 스포츠 캐스터를 꿈꾸기에 나쁜 시기는 아니라고 생각합니다.

편 지금의 스포츠 중계는 주로 아나운서 출신 캐스터들이 맡고 있는데, 이런 구조는 앞으로도 유지될까요?

한 기본적인 틀은 유지되겠지만 중계 방식은 변화할 가능성이 있어요. 저는 스포츠 중계와 게임 중계가 서로 등을 맞대고 있다고 생각합니다. 완전히 같지는 않지만, 서로 영향을 주고받는 구조에 가까운데요. 요즘 스포츠 캐스터 출신이 게임 중계를 하는 경우도 실제로 있어요. 그런데 문제는 '문법'이에요. 전통적인 아나운서 교육을 받은 캐스터의 정제된 언어가 게임 팬들이 원하는 중계 방식과는 다를 수 있거든요. 게임 팬들은 조금 더 날것에 가까운, 즉흥적이고 감정이 직접 드러나는 중계를 선호하는 경향이 있어요. 그래서 아나운서 출신보다 처음부터 게임을 하며 자연스럽게 그 문화를 습득하고 팬들과 같은 언어로 말하는 캐스터들이 더 강한 지지를 받습니다. 이렇게 봤을 때 대중은 '전문가처럼 말하는 사람'보다 '같은 팬처럼 말하는 사람'에게 더 쉽게 마음을 여는 것 같아요.

편 이런 흐름이 스포츠 중계에도 영향을 미칠까요?

한 충분히 가능하다고 봅니다. 지금은 스포츠 중계가 비교적 정통적인 방송 문법을 유지하고 있지만, 스포츠 역시 하나의 '서브컬처'입니다. 이미 야구, 축구, 농구, e스포츠까지 각자 다른 팬 문화가 형성돼 있고 그 문화에 맞는 말투와 감성이 요구되고 있어요. 예를 들어 e스포츠 중계의 경우 방송사 소속 아나운서를 쓰기보다는 해당 게임을 오래 중계해 온 외부 전문 캐스터를 쓰는 경우가 늘고 있어요. 그게 더 이물감이 없고 팬들이 원하는 중계이기 때문이에요. 중계의 기준이 바른 언어의 사용이 아니라 '해당 문화에 대한 이해도'로 옮겨가고 있는 거예요.

편 그렇다면 앞으로 스포츠 중계는 어떤 방향으로 갈까요?

한 하나의 방식으로 수렴되지는 않을 겁니다. 정제된 스포츠 중계는 그대로 남을 거지만, 동시에 팬 문화에 더 밀착한 새로운 중계 스타일도 공존하게 될 가능성이 큽니다. 중요한 건 누가 더 잘 아느냐보다, 누가 그 문화를 더 깊이 이해하고 있느냐입니다.

편 개인 방송이나 유튜브 중계 같은 흐름도 영향을 줄까요?

한 분명히 영향을 주고 있습니다. 다만 아직은 스포츠 중계에서는 게임 중계만큼 강력한 대안으로 자리 잡았다고 보기는 어렵습니다. 그래도 혼자 중계하면서 팬과 직접 소통하는 방식은 앞으로 스포츠 중계에도 자극을 줄 것 같아요.

AI가 스포츠 캐스터 역할을 할 수 있을까요?

편 AI가 스포츠 캐스터 역할을 대체할 수 있을 거라는 이야기가 나오는데, 어떻게 보시나요?

한 기술적으로는 분명히 많이 발전했어요. 문자 기반 언어는 AI가 이미 아주 잘하고 있고 음성 인식도 예전보다 훨씬 좋아졌어요. 발음이 부서지거나 말이 겹쳐도 요즘은 꽤 정확하게 인식하죠. 실제로 일본 NHK에서는 인력 부족 문제를 해결하기 위해 AI 야구 캐스터를 활용해 성공한 사례가 있어요. 그런 면에서 가능성이 꽤 크다고 봅니다.

하지만 여전히 사람이 하는 중계는 필요하다고 생각해요. 스포츠 중계는 단순히 정보를 전달하는 일이 아니기 때문입니다. 기록이나 상황을 요약해서 읽어주는 것만으로는 재미가 없어요. 중계는 사람의 감성을 자극하는 방송이에요. 긴장감이나 흥분, 아쉬움 같은 감정을 함께 전달해야 경기를 보는 재미가 더해지죠. 그 미묘한 감정의 온도까지 AI가 표현할 수 있을지는 아직 의문입니다.

편 앞으로 AI가 스포츠 캐스터를 완전히 대체할 가능성은 어떻게 보시나요?

한 언젠가는 가능할지도 모르지만 적어도 당장은 아니라고 생각합니다. 시청자들은 특정 캐스터의 목소리, 말투, 해설에 대한 애정과 친근함을 느끼고 방송을 봅니다. "이 캐스터는 재밌다", "이 해설위원은 내가 궁금한 걸 잘 짚어준다"라는 신뢰와 애정이 있거든요. 그래서 AI는 당분간 보조적인 역할에 머물고 사람의 영역은 꽤 오래 남아 있을 거라고 봅니다.

젊은 층에 한국 야구 인기가 높은 이유가 뭘까요?

편 요즘 한국 야구의 인기가 상당히 높아졌다는 이야기가 많이 들립니다. 현장에서는 어떤 느끼시나요?

한 체감할 정도로 인기가 높아졌습니다. 특히 20~30대 여성 관중이 크게 늘었습니다. 예전과 비교하면 관중 구성 자체가 완전히 달라졌다고 봐도 틀리지 않아요. 야구가 특정 계층의 스포츠가 아니라 대중문화의 한 축으로 자리 잡고 있다는 인상을 받지요.

편 젊은 여성 팬이 늘어난 이유는 무엇이라고 보시나요?

한 야구 쪽으로 아이돌 문화의 요소가 일부 이동한 측면이 있는 것 같아요. 선수 개인에 대한 팬덤이 형성되고, 응원 문화도 훨씬 적극적이고 감성적인 방향으로 바뀌었습니다. 아이돌과 달리 야구 선수들은 상대적으로 접근성이 높다는 것도 하나의 원인이 아닐까 생각합니다. 구단의 관리가 있기는 하지만 사인 서비스나 간단한 교류가 가능한 환경이 팬들에게는 큰 매력으로 작용하고 있는 것 같아요.

편 이런 팬덤 중심의 인기를 부정적으로 보는 시각도 있던데요.

 전반적으로는 긍정적으로 보고 있지만 조심해야 할 부분도 있다고 생각해요. 선수를 아이돌처럼 소비하다 보면 기량의 기복이나 성적 하락에 대한 실망이 크게 나타날 수 있기 때문이에요. 그래서 선수들이 급격히 평가절하되거나 팬들이 한순간에 등을 돌리는 상황이 오지 않도록 '완만한 흐름', 즉 소프트 랜딩이 필요하다고 봅니다.

 과거의 야구팬 문화와 비교하면 어떤 변화가 있나요?

 과거에는 훨씬 거칠고 공격적인 팬 문화가 있었어요. 경기 결과에 따라 과격한 행동이 표출되는 경우도 있었죠. 반면 최근에는 야구장 환경이 크게 개선되면서 여성 관중과 가족 단위 관중이 눈에 띄게 늘었습니다. 야구장이 '머물 수 있는 공간', '즐길 수 있는 공간'으로 바뀐 것이 큰 요인입니다.

 이런 변화가 장기적으로 어떤 영향을 미친다고 보시나요?

 가장 중요한 변화는 관중 구조의 선순환입니다. 20대 여성 팬이 늘어나면 연인과 함께 야구장을 찾고, 이후 가족 단위 관람으로 이어져요. 그렇게 자란 아이들이 다시 야구팬이 되고, 또 다음 세대로 이어지는 구조가 만들어집니다. 현재 높은 관중 수치는 단기간에 만들어진 결과라기보다는 약 10년 이상 축적된 변화의 결과라고 봅니다. 지금 한국 야구의 인기가 일시적 유행에 머물지 않을 거예요. 팬층이 다양해지고, 야구가 가족 단위의 여가 문화로 자리 잡았기 때문이지요.

2015년 수원에서 벌어진 KBO 올스타전 출연진.
사진 왼쪽부터 손우주, 박지영, 김선신 아나운서, 유희관 선수,
허구연 위원, 정병문 캐스터, 정민철, 이종범 위원과 함께.

어떻게 하면 건강하게 스포츠를 즐길 수 있을까요?

편 스포츠를 보고 즐기는 사람들이 많은데, 어떻게 하면 스포츠를 더 건강하게 즐길 수 있을까요?

한 스포츠는 직접 해보는 경험이 가장 중요해요. 보는 것만으로는 한계가 있고 직접 해봐야 그 종목의 재미와 어려움을 제대로 이해할 수 있어요. 그래서 동네나 학교에 스포츠를 즐길 수 있는 환경을 만들면 좋겠습니다.

편 야구는 직접 즐기기에는 다소 부담스러운 스포츠라는 인식도 있습니다.

한 맞아요. 야구는 장비가 많이 필요하고, 공이 딱딱해 안전 문제도 있어요. 생각보다 위험한 스포츠이기도 하죠. 그래서 가볍게 시작할 수 있는 방식으로 티볼이라는 게 있어요. 티볼tee-ball은 야구를 변형시킨 스포츠로 야구와 달리 투수가 공을 던지지 않고 티 위에 올려진 공을 치고 1, 2, 3루를 돌아 홈으로 들어오는 구기종목이에요. 대부분 야구와 규칙이 같지만, 투수가 없으니 자동으로 도루가 없고 슬라이딩도 할 수 없어요. 그럼에도 야구의 기본적인 룰과 흐름을 이해하기에 적합하고, 공도 상대적으로 말랑해서 부상 위험이

낮고, 팀 스포츠의 재미와 야구 특유의 전략성을 경험할 수 있다는 장점이 있어요. 요즘엔 여자 대학을 중심으로 티볼이 확산되고 있고, 군부대에서도 티볼을 도입하는 사례가 늘고 있습니다. 과거에는 학교나 군대에서 축구가 거의 유일한 선택지였다면 지금은 보다 안전하고 접근성이 높은 종목으로 선택의 폭이 넓어지고 있는 셈이죠. 이런 이유로 KBO나 대한야구협회에서도 티볼 보급과 장려를 적극적으로 고민하고 있는 것으로 알고 있습니다.

여성 스포츠 캐스터는 얼마나 있나요?

편 여성 스포츠 캐스터는 얼마나 있나요?

한 중계 현장은 여전히 성비 불균형이 큽니다. 스포츠 하이라이트나 스포츠 뉴스를 진행하는 여성 캐스터는 몇 있어요. 그런데 실황 중계를 하는 스포츠 캐스터 영역은 거의 남성 중심 구조입니다. 일부 종목에서 여성 캐스터의 목소리를 들을 수는 있지만 아직은 예외적인 수준에 가깝습니다. 지원자는 몇 있는데, 전문가로 성장한 여성이 드물어요.

편 그 원인은 무엇이라고 보시나요?

한 가장 큰 이유는 경험의 격차입니다. 여성 캐스터 지망생들이 해당 종목을 직접 경험하지 못한 채 이론으로만 스포츠를 접하는 경우가 많아요. 이 상태에서는 중계 현장에서 요구되는 감각과 자신감을 갖추기까지 시간이 오래 걸릴 수밖에 없습니다. 그래서 저는 스포츠 채널과 관련 기관이 장기적인 안목으로 일정 비율 이상 여성 캐스터를 체계적으로 육성하는 시스템을 고민할 필요가 있다고 생각합니다.

이 문제는 스포츠 시장의 확산과 연관이 있어요. 여성 캐스터가 있으면 중계의 시선이 다양해집니다. 여성 스포츠를 여성의 시선으로 설명하고, 여성 시청자가 더 자연스럽게 공감할 수 있는 중계가 가능해져요. 그러면 여성이 스포츠를 직접 즐기는 문화가 확산되어 다양한 형태의 긍정적인 변화를 이끌 거예요.

편 요즘 여성들의 스포츠 참여와 관심이 눈에 띄게 늘고 있습니다. 어떻게 보시나요?

한 예전에는 스포츠 관람이나 참여가 남성 중심으로 인식되었어요. 그런데 지금은 여성들이 적극적으로 스포츠를 즐기는 게 보여요. 여자 배구의 높은 인기, 여성 풋살 인구의 급증, 러닝과 같은 생활 스포츠에 참여하는 여성들이 늘어난 건 굉장히 좋은 현상이라고 생각합니다. 여기서 한발 더 나아가 보는 스포츠에서 즐기는 스포츠로 문화가 바뀌었으면 하는 바람도 있고요. 특히 요즘 여성 풋살 분야의 커지면서 관련 시설과 장비가 확충되고, 스포츠 브랜드들도 여성 체형과 수요에 맞는 제품을 적극적으로 개발하고 있습니다. 이는 단순한 유행이 아니라, 스포츠를 일상적으로 즐기는 인구가 늘어났다는 신호라고 봅니다.

SPORTSCASTER

나도
스포츠
캐스터

여러분이 스포츠 캐스터가 되어
상황에 맞는 멘트를 작성해 중계하듯이
연습해 보세요.

1

한국 프로야구 리그 (또는 프로축구, 프로농구, 프로배구 리그) 개막전이 열리는 날입니다. 개막전에 맞붙을 두 개 팀을 선택해 개막전 오프닝 멘트를 작성해 보세요. 날씨는 어떤지, 관중석 상황은 어떤지, 두 팀의 전력은 어떤지, 관전 포인트는 무엇인지도 상상해 개막전 중계방송에 쓸 수 있는 다양한 멘트도 구상해 보세요.

한국 프로축구 리그 (또는 프로야구, 프로농구, 프로배구 리그) 결승전이 열리는 날입니다. 우승 팀이 가려지는 날이고, 한해의 마지막 경기가 열리는 날이라 경기 결과에 대한 팬들의 관심이 집중된 날입니다. 결승에 맞붙은 두 팀의 지난 경기력은 어땠는지, 결승전에서 어떤 전략을 펼칠지 상상해 보세요. 결과를 예측할 수 없으므로 어느 팀이 우승하더라도 빠르게 우승콜을 할 수 있도록 양 팀의 우승콜 멘트를 작성해 보세요.

3

좋아하는 선수의 은퇴 경기가 있는 날입니다. 선수 생활의 마지막 경기에서 멋지게 마무리한 선수의 노고에 감사하며 새로운 활동을 기대하는 마음을 담은 멘트를 준비해 보세요.

4

하이라이트 경기 영상을 소리 없이 보며 경기가 진행되는 상황을 캐스터처럼 설명해 보세요. 자신의 목소리를 녹음한 뒤 스포츠 캐스터의 중계와 비교해 보세요.

중계하고 싶은 스포츠 종목이 있나요? 그 종목의 룰은 무엇이고,
주요 선수들은 누군인지 정리해 보세요.

프로야구팀이나 프로축구팀 중에서 자신이 응원하는 팀 말고 상대적으로 관심이 적은 팀에 어떤 선수가 있는지, 전력은 어떤지, 연고지는 어디인지, 팀의 역사는 어떤지 조사해 적어보세요.

SPORTSCASTER

스포츠 캐스터 한명재 스토리

편 개인적인 이야기를 들어보는 시간입니다. 먼저 어린 시절 이야기부터 해주세요.

한 제가 어렸을 때 아버지가 사업을 하셨어요. 초등학교 3학년 때까지 서울에서 살다가 서울 외곽의 산본으로 이사를 갔죠. 그런데 어머니가 전학을 안 시키고 버스로 1시간 반 정도 거리를 통학을 시켰어요. 아마도 금방 다시 서울로 돌아갈 거라고 생각하신 것 같아요. 하지만 6학년 졸업식을 앞두고 대전으로 가게 되었고, 중고등학교 시절을 대전에서 보냈습니다.

편 스포츠에는 언제부터 관심이 있으셨나요?

한 1980년대에 어린 시절을 보낸 제 또래 친구들은 스포츠를 안 좋아할 수가 없어요. 1982년 3월에 한국 프로야구가 출범했고, 뒤이어 1983년 5월에 한국 프로축구가 수퍼리그로 공식 출범했어요. 또 1984년 LA 올림픽이 열려 온 국민이 우리 선수들을 응원했고, 메달도 많이 땄어요. 그 시절 이야기를 친구들과 하면 다들 이야기를 쏟아낼 만큼 또렷이 기억하고 있죠.

그뿐인가요. 프로야구가 출범하기 전에 고교 야구가 TV 생방송으로 중계될 정도로 전국적인 인기가 대단했어요. 당시

야구 명문으로 이름을 떨친 선린상고가 있어요. 박노준, 김건우 선수 등 야구계의 굵직한 선수들을 배출한 고등학교인데요. 고교 야구 결승전에서 박노준 선수가 홈으로 들어오다가 발목이 꺾여서 크게 다치는 일이 있었어요. 그날 9시 뉴스에 박노준 선수가 치료받고 있는 병원으로 기자가 나가 생중계로 건강 상태를 전할 정도로 이슈가 되었죠. 그것만 봐도 당시 고교 야구 인기가 얼마나 대단했는지 짐작할 수 있을 거예요.

편 실제로 친구들과 경기도 많이 하셨어요?

한 그럼요. 축구도 하고, 야구도 하고, 농구도 하고, 다양한 스포츠를 즐겼어요. 그런데 지나고 보니 저는 몸으로 하는 것도 좋아했지만 경기를 보고 경기에 대한 이야기를 친구들과 나누는 걸 더 좋아했던 것 같아요. 참 아쉽게도 제가 운동에 대한 재능이 없더라고요. 교내 축구대회가 열리면 축구 선수를 뽑잖아요. 그러면 11명의 주전 선수에는 못 들고 13번째, 14번째 후보 선수로 이름을 올렸어요. 경기장에는 가는데 벤치에만 앉아 있었던 거죠.

편 야구도 많이 하셨어요?

한 야구는 사실 만만한 스포츠가 아니에요. 축구나 배구, 농구는 공 하나와 사람만 있으면 할 수 있는 운동인데, 야구는 장비가 많이 필요해서 접근이 쉽지 않아요. 일단 배트와 글로브가 있어야 하고, 공은 날아가면 못 줍는 수가 있으니 여러 개 있어야 해요. 어릴 때 골목마다 아이들이 모여서 야구를 많이 했어요. 그런데 하고 싶다고 다 할 수 있는 건 아니고 일단 야구 배트가 있어야 낄 수 있었죠. 그래서 한번은 부모님을 졸라 나무 배트 하나를 샀어요. 제가 10번째 선수로 나가 공을 처음으로 치고 그다음에 친구가 제 배트로 공을 쳤어요. 그런데 딱 두 번 쓴 방망이가 그만 부러지고 말았어요. 그날 집에 와서 부러진 방망이를 테이프로 칭칭 감아서 붙여보려고 애썼던 기억이 아직도 생생하네요. 이렇게 어렸을 때는 운동 경기가 열리면 어떻게든 뛰어보려고 했던 것 같아요. 그런데 여러 경험을 통해 확실히 알게 된 게 있죠. 나는 운동을 잘하지는 못하는구나! (웃음)

편 중고등학교 시절은 어떻게 보내셨어요?

한 학교는 성실히 다녔는데 성적은 중간 정도로 공부는 그다지 열심히 하지 않았어요. 사춘기이기도 해서 이런저런 고민도 많아 방황도 했죠. 진로는 그냥 막연히 기자나 방송 쪽

일을 하면 좋겠다는 정도로 생각했고, 이것저것 나름대로 시도도 해보았어요. 음악을 좋아하는데 악기를 다루는 재능은 없었어요. 그래서 DJ는 좀 어렵겠지만 라디오 PD가 되면 재미있겠다 싶어서 음악에 관심을 가졌던 때도 있었어요. 팝이며 락, 헤비메탈 등등 당시 유행하는 음악을 포함해서 클래식까지 누가 음악에 관한 화제를 꺼내면 같이 맞장구를 쳐줄 정도의 지식수준은 갖췄어요. 그런데 말은 잘하겠는데 음악 재능은 없더라고요. 그래서 빨리 포기했죠.

제가 어렸을 때는 MBC 〈주말의 명화〉라는 프로그램이 있었어요. 요즘엔 다 자막을 넣지만 과거에는 성우들이 더빙을 했거든요. 영화 더빙도 PD가 배역에 따라 성우들을 캐스팅하고 연출을 하는 거예요. 저는 영화를 보면서 '아, 이 역할에는 다른 성우가 어울릴 텐데, 이런 장면은 대사의 톤을 달리하면 좋았을 텐데' 이런 생각을 많이 했어요. 제가 연출자라면 어떻게 했겠다는 상상을 한 거죠. 그래서 아는 형에게 이런 제 꿈을 이야기했더니 바로 알려주더라고요. 점점 자막의 시대로 가고 있어서 곧 더빙 시장이 축소될 거고, 영화 더빙 PD도 국내에 서너 분밖에 없다고요. 그분들도 일거리가 줄어서 다른 일을 찾고 있다는 거예요. 그 말을 듣고 또 재빨리 포기했어요. (웃음)

편 좀 엉뚱한 꿈을 꾸었지만 꿈이 생기면 시도하려고 노력하셨네요.

한 지금도 그렇지만, 청소년기에는 사실 미래가 어떻게 펼쳐질지 잘 모르잖아요. 그래서 생각나는 대로 길을 찾아보려고 시도를 해봤던 거죠. 돌아보면 청소년 시절의 그런 시도가 제대로 먹히거나 성공적이진 않았어요. 대학에 진학할 때도 마찬가지였어요. 저는 원래 프랑스어를 전공하고 싶었는데 불문학을 전공한 아는 선배가 프랑스어를 배워서는 쓸모가 별로 없다는 거예요. 선배는 불문학을 공부하면 프랑스에 갈 줄 알고 열심히 익혔는데 정작 회사에서는 프랑스 식민지였던 아프리카 나라들에 십몇 년을 출장 보냈다고 하더라고요. 그 얘기를 듣고 큰 관심도 없던 영어를 전공으로 선택했죠. 그런데 그게 저한테는 전화위복이 되었던 것 같아요.

편 어떤 점에서 전화위복이라고 생각하시는 거예요?

한 영어로 전공을 바꾼 덕분에 대학 시절에 운이 좋게도 미국에 교환학생으로 가게 되었어요. 미국은 스포츠가 워낙 활성화된 나라잖아요. 더군다나 땅이 커서 네 개의 시간대를 가진 나라라, 오후 5시 언저리부터 밤늦게까지 TV에서 스포츠 방송을 볼 수 있었어요. 처음에는 영어를 배울 겸해서 스포츠 방송을 봤어요. 스포츠 자체도 재미있었는데 차츰 그 경기를 전달하고 이야기하는 사람들에 관심이 갔어요. '어! 스포츠 캐스터라는 직업이 있네!'하고 눈이 뜨이는 느낌이었죠.

편 국내에서도 스포츠 중계방송이 꽤 있었잖아요. 그것과 느낌이 달랐나요?

한 좀 달랐어요. 저는 어렸을 때부터 스포츠 방송을 정말 좋아했어요. 그때는 스포츠 중계가 보통 일요일 낮 1시부터 시작해서 6시쯤 끝나도록 편성되어 있었어요. 한 종목만 있는 건 아니고 겨울에는 씨름, 농구, 배구가 중심이었고, 봄부터 가을까지는 야구와 축구였죠. 그 방송을 보려고 일주일 중 목금토에 공부를 열심히 했어요. 부모님께 시청 허락을 받으려면 마일리지 적립하듯이 공부하는 모습을 보여야 했거든요. (웃음) 중고등학교 때만 해도 스포츠를 보는 게 더 재미있었고 중계는 아나운서가 하는구나 정도로만 생각했어요. 제가 그 일을 할 줄은 몰랐죠.

그런데 미국의 스포츠 중계방송이 제 귀를 사로잡은 건 그들의 화법이었어요. 우리의 화법과 좀 달랐고, 정말 재미있었어요. 그래서 이런 일이면 괜찮겠다 싶은 생각이 들었죠.

편 한국에 돌아와 스포츠 캐스터가 될 준비를 하신 건가요?

한 그때 제가 대학교 3학년이었어요. 군대도 다녀와서 졸업 후 진로를 준비해야 할 때라 어떻게 하면 스포츠 캐스터가 될 수 있는지 알아봤죠. 그랬더니 아나운서가 되는 방법밖에 없다고 하더라고요. 저한테는 그게 큰 걸림돌로 여겨졌어요. 제가 목소리가 좋은 것도 아니고, 비주얼이 뛰어난 것도 아니고, 또 지방대 출신이라 학벌도 밀리는 거예요. 정말 하고 싶은 일인데 좀 어렵겠다 싶어 고민이 깊었어요. 그때 선배가 그런 정도의 열정이 있으면 도전해 보라고 권해서 용기를 얻어 MBC 아카데미에 등록해 아나운서 입사 준비를 시작했어요.

아카데미에 들어가 보니 저와 비슷하게 스포츠를 목표로 하는 친구들도 꽤 있어서 서로 정보를 교환하며 준비했어요. 그러면서 아나운서가 되면 꼭 스포츠 캐스터가 아니라도 〈아침마당〉 같은 살아가는 이야기를 하는 프로그램을 진행하는 MC가 되어도 좋겠다는 생각도 했죠. 왜냐하면 아나운서가 되었다고 바로 스포츠 캐스터로 활동할 수 있는 구조가 아니었어요. 중계방송은 생방송이라는 특성이 있어서 연차가 낮은 아나운서에게는 차례가 오지 않아요. 선배들에게 배우고 익히고, 아나운서 경력이 적어도 10년 이상은 되어야 할 수 있었거든요. 그래서 스포츠 캐스터로 활동하기 전까지 아나운서로서 경험을 잘 쌓아야겠다고 생각했던 거예요. 그러다 아카데미에서 가르쳤던 교수님이 한국스포츠TV 채널에서 스포츠 캐스터로 활동할 아나운서를 뽑는다고 알려 주셔서 공채로 입사하게 되었죠.

편 바로 꿈을 이루신 거네요?

한 사연이 좀 있습니다. 제가 대학교 1학년 때 아버지가 돌아가셔서 어머니 혼자 일을 해서 가정을 꾸려가셨어요. 어머니는 제가 교사나 대기업 사원 같은 안정적인 직업을 갖기를 바랐어요. 그런데 제 꿈을 이루겠다고 대학 졸업하고 6개월 정도 아나운서 준비를 하면서 학원 강사도 하고 아르바이트를 했죠. 그 시간을 버티는 게 쉽지는 않더라고요. 그러던 차에 대기업에 입사하게 되었어요. 물론 회사에서 하는 일은 제가 원하는 일이 아니어서 힘들긴 했지만, 또박또박 월급이 나오니까 좋았어요. 딱 그때 대한민국 최초의 스포츠 전문 케이블 채널인 한국스포츠TV가 개국하면서 스포츠 캐스터를 뽑았던 거예요. 그 소식을 듣고 잠시 고민했죠. 대기업 사원이라는 안정적인 직업을 내려놓는 게 쉬운 일은 아니잖아요. 하지만 정말 하고 싶은 일이라 포기할 수가 없었어요. 그래서 어머니에게 한번 기회를 달라고, 만약 잘 안되더라도 다른 일을 찾으면 되니까 도전할 수 있게 도와달라고 어머니를 설득했어요.

편 그런 일이 있었군요. 그런데 한국스포츠TV라는 채널이 금방 없어지지 않았나요?

한 맞아요. 제가 입사한 해가 1997년이었고, 그다음 해 IMF가 터져서 회사가 망했어요. 2000년에 SBS가 인수하기까지 겨우 방송 명맥을 유지하며 최저임금만 받았어요. 어머니를 어렵게 설득해 입사했는데 회사는 망하고, 경제적인 어려움도 생겨서 다른 일을 해야 하나 고민을 많이 했죠. 그런데 다행히 다른 회사의 스카우트를 받아서 이직했다가 2001년에 MBC ESPN의 개국 멤버로 입사했습니다.

편 이렇게 간략하게 말씀하셨는데, 꿈을 이루기까지 꽤 험난한 과정이 있었네요. 앞에서 스포츠 캐스터가 되려면 선배들로부터 도제식으로 일을 배워야 한다고 하셨는데, 그 과정에서 어려움은 없으셨어요?

한 아나운서로 입사하고 얼마 지나지 않아 뉴스 프로그램에서 제가 대형 사고를 쳤어요. 방송 직전에 뉴스 순서가 바뀐 것을 확인하지 않고 화면과 다른 내용을 말한 거예요. 생방송에서 말실수하거나 어떤 상황이 벌어졌을 때 적절한 대응을 못 하면 방송 사고가 되는데, 제가 사고를 크게 친 거죠. 그때부터 아나운서 실장님이 저한테 방송과 무관한 일을 시켰어요. 9시에 출근해서 전화도 받고 청소도 하고 책도 보다가 6시에 퇴근하는 생활을 몇 개월 정도 했어요. 그랬더니

선배들이 이것저것 해보면 좋겠다고 추천해서 뉴스도 조금
하고, 기상 캐스터 역할도 했어요. 지금 생각해 보면 그때가
위기였는데 잘 넘겼고, 또 여러 가지 일을 경험했던 게 나중
에 도움이 많이 됐어요.

편 실수가 성장하는 계기가 된 거네요?

한 다른 사람보다 생방송의 어려움을 일찍 깨닫는 계기가
된 것 같아요. 그리고 IMF라는 시기가 저에게는 기회로 다가
왔어요. 회사가 재정적인 어려움에 처하자 1998년 선배들이
명예퇴직을 많이 했고, 그 자리를 빨리 이어받게 되었죠. 보
통은 5년, 10년 이상 선배들에게 배워야 맡을 수 있는 방송
을 2, 3년 안에 맡을 수밖에 없었어요. 그렇게 일을 빨리 배
우기도 했지만 소화해야 하는 방송도 많았어요. 아침에 일찍
나와서 야간 게임을 중계하고, 점심때 테니스 게임 녹화, 점
심 먹고 오후에는 당구 게임 녹화하고, 저녁에 야구 중계를
하는 식이었죠. 2년 넘게 하루에 세 경기 정도를 중계하면서
보냈어요. 그랬더니 체력이 조금 달리기는 했어도 굉장히 빨
리 배웠던 것 같아요. 요즘 후배들에게 그렇게 하라고 하면
다들 퇴사할 것 같은데, 그때니까 가능했던 일이죠. 하여튼
힘들긴 했어도 독자적인 스포츠 캐스터로 성장하는 데 큰 도

움이 된 것만은 사실입니다.

 메이저리그 중계도 많이 하시는 걸로 아는데요. 미국 야구도 꽤 잘 아실 것 같아요.

 한국 선수들이 메이저리그에 진출하면서 국민의 관심이 높아졌고, 중요한 경기는 한국 중계진이 직접 미국에 가서 방송하는 경우가 꽤 많아요. 운이 좋아서 저도 일찍부터 메이저리그 중계방송할 기회가 있었고, 지금도 한국 선수가 메이저리그에 진출하면 현지에 가서 선수의 상황도 알아보고 직접 이야기를 듣는 인터뷰를 합니다. 미국에서 중계방송할 때도 한국에서와 마찬가지로 경기가 시작되기 전에 경기장에 가서 선수와 코칭스태프 인터뷰를 하고, 방송의 방향을 정하고, 해설위원과 함께 중계방송을 해요. 또 필요하면 비시즌 훈련기간에 한국 선수가 소속한 팀의 스프링캠프에 찾아가 훈련 과정도 보고 감독과 선수의 인터뷰를 해서 중계방송의 자료로 활용하기도 하고요. 그런데 미국은 한국과 다른 상황도 있어요. 우리나라 야구팀은 제가 잘 아니까 인터뷰도 바로 할 수 있고 경기장 출입도 편한데, 미국은 인터뷰 내용이나 시간 등을 구체적으로 협의해야 하는 등 절차가 까다로워서 더 신경쓸 것이 많아요. 그리고 메이저리그 선수들과 팀

애틀랜타 봉중근 선수와 함께. 고교시절부터 중계방송했던 봉중근 선수와는
메이저리그 시절, LG 선수생활 시절에도 인연을 맺었어요.

전력 등을 알고 있어야 합니다. 이벤트가 있는 경기는 현지에
가서 하고, 시즌 중에는 스튜디오에서 실시간 영상을 받아서
중계방송을 하고 있어요.

편 이 일은 다른 사람들이 쉴 때 하는 일이라 그에 따른 어
려움도 있을 것 같아요.

한 가족들에게 많이 미안하죠. 지방 출장도 자주 가고 해

외 출장도 가야 해서 집을 비워야 하는 일이 많아요. 가족들과 시간이 맞지 않아서 기념일을 제때 챙기거나 주말에 함께 시간을 보내기가 어렵죠. 가정적으로 좋은 남편, 좋은 아빠가 되지 못해요. 가족들의 희생이 없었으면 제가 지금까지 이 일을 하기는 어려웠을 거예요. 저야 좋아서 하는 일이니까 이런 저런 제약을 희생이라고 생각하지는 않아요. 그런데 가족들은 다르잖아요. 그냥 저를 위해 희생하는 게 많은데, 어머님이나 아내, 딸 모두 제가 활발하게 활동할 수 있도록 도와주어서 정말 고마움을 많이 느껴요.

가끔은 이 길을 가지 않고 다른 일을 했으면 어땠을까? 더 낫지 않았을까? 하는 생각도 해 봐요. 안 가본 길에 대한 동경 같은 건데, 어찌 되었든 지금은 시청자들이 제 방송에 반응해 주시고 또 좋아해 주시니까 그런 데서 보람을 많이 얻죠.

편 오랫동안 방송사에서 근무하다 최근에 프리랜서가 되셨어요. 어떤 변화가 있으세요?

한 가장 큰 변화는 저를 중심으로 살기 시작했다는 거예요. 스물일곱 살에 회사에 들어가 25년 동안 일했어요. 조직 사회는 연차가 쌓일수록 감당해야 하는 역할이 있어요. 제가 막내로 있었던 시기를 빼고 나머지는 후배들을 관리하는 것도 저의 업무 중 하나였어요. 제 방송을 하면서 후배들이 성장할 수 있도록 일을 가르치고 준비시켜야 했죠. 팀을 이끄는 사람으로서 모래알처럼 흩어지는 조직이 아니라 좋은 팀을 만들어야 한다는 부담감이 있었어요. 제가 선배로서 모범을 보이고 후배들을 잘 이끌 때 좋은 팀이 만들어지는 거니까요. 그런 노력 덕분인지 '한명재가 이끄는 조직에서 후배들이 잘 성장했다'는 소리도 들려요. 그 또한 큰 보람이지만 조직을 이끄는 책임감은 가벼울 수가 없죠. 그래서 지금은 조직에서 해야 할 일을 마치고 저에게 집중하는 시간을 맞이해서 마음이 편안합니다.

편 프리랜서의 자유를 느끼고 있으신데, 요즘은 어떤 활동을 주로 하시나요?

한 여전히 야구를 중심으로 여러 형태의 방송을 병행하고 있어요. 크게 보면 형식은 달라도, 결국 모두 스포츠를 전달하는 일이라는 점에서는 본질적으로 크게 다르지 않아요.

2025년에는 JTBC 야구 예능 〈최강야구〉 시즌 4의 캐스터로 활약했어요. 이 프로그램은 녹화 방송이지만 은퇴 선수들이 실제로 경기를 치르는 구조라서 제가 맡은 역할은 기본적으로 경기 중계와 크게 다르지 않아요. 예능이긴 하지만 경기 안에서 벌어지는 상황을 설명하고 흐름을 전달하는 일이라는 점에서는 제가 해오던 일의 연장선에 있지요.

이와 함께 유튜브 채널도 운영하고 있습니다. 야구가 있는 날에는 경기 전에 프리뷰를 하고, 경기가 끝난 뒤에는 리뷰를 진행해요. 그날 있었던 한 경기만 다루는 것이 아니라, KBO 전체 경기를 대상으로 합니다. 모든 경기를 다루되 혼자서 전부 진행하는 방식은 아니고 야구를 오래 봐온 해설위원, 기자 등 패널들과 함께 제작합니다. 이 프로그램은 제가 말을 해야 굴러가는 구조라서 기존의 실황 중계와는 달리 스포츠 토크쇼에 가까운 형식이에요. 이런 형태의 콘텐츠를 본격적으로 시작한 지는 약 2년 정도 됐고, 현재는 구독자 약 10만 명 규모로 꾸준히 성장하고 있어요. 저만의 노력의 결과는 아니고 제작진과 함께 만들어 온 결과입니다.

편 야구가 없는 겨울에는 유튜브 채널의 주제가 바뀌나요?

한 그렇지는 않아요. 겨울에도 동계 훈련, 선수 이적, 스토브 리그 이슈 등 야구 관련 소식이 끊임없이 생겨요. 여기에 더해 겨울 시즌에는 주로 농구 중계를 맡고 있어요. 최근에는 여자 농구 중계를 많이 하고 있고, 과거에는 남자 농구도 상당히 오래 했어요. 회사에 소속돼 있을 때나 프리랜서가 된 이후나 시즌에 따라 종목은 바뀌어도 방송 일정은 계속 이어지는 편입니다. 가끔 미식축구 등 다른 종목 중계를 맡기도 하고요.

편 오랫동안 스포츠계에 몸담고 계시는데, 우리 스포츠 문화가 앞으로 어떻게 변했으면 하는 바람이 있다면 말씀해 주세요.

한 예능이긴 하지만 TV에 여자 야구 프로그램이 생겼어요. 야구를 전문으로 하는 캐스터로서 정말 반가운 일이라고 생각해요. 사실 야구는 양성평등에 위배되는 스포츠라는 인식이 있어요. 야구가 올림픽 종목에서 제외되는 이유 중 하나는 야구하는 나라가 많지 않다는 것이고, 다른 이유는 여자 야구가 비활성화되어 있다는 거예요. 모든 스포츠는 기본적으로 남녀 가릴 것 없이 누구나 즐길 수 있어야 해요. 그런데 유독 야구만 여자팀이 거의 없어요. 여자 축구, 여자 배구, 여자 농구, 다 있는데 여자 야구는 많이 못 들어보셨을 거예요. 요즘 축구는 남자팀보다 여자팀이 더 인기가 높을 정도인데 안타깝게도 여자 야구는 활성화가 안 되어 있어요.

편 정말 여자야구팀이 있다는 건 못 들어본 것 같아요.

한 현재 국내에 사회인 여자야구팀이 약 40개 정도 있어요. 많은 숫자는 아니죠. 그런데 놀랍게도 2026년 출범하는 미국 여자프로야구리그(WPBL)에서 진행한 드래프트에서 한국 선수 4명이 지명되었어요. 김현아, 김라경, 박주아, 박민서 선수로 4명 모두 상위 라운드의 지명을 받았어요. 여자 야구가 척박한 땅에서 정말 대단한 일인데요. 한 10년 전부터 여자도 야구할 수 있다는 분위기가 형성되면서 사회인 야구팀이 생기기 시작했어요. 한국여자야구연맹에서 주최하는 전국대회도 열립니다. 경기가 열리는 주말이면 전국에서 선수들이 모여요. 경기 끝나고 막차 타고 집으로 가는 게 힘들 것 같지만 그분들 이야기를 들어보면 야구가 삶의 활력소이고, 생활에 큰 도움이 된다고 정말 좋아하시더라고요.

편 우리 선수들이 미국에서 활약할 2026년이 정말 기대됩니다. 이렇게 되면 앞으로 여자 야구에 대한 관심도 높아질 것 같아요.

 그럴 거예요. 저는 2025년 방송된 여자 야구 예능이 긍정적인 역할을 하리라고 생각해요. 사실 야구가 여성들에게 외면받았던 데는 룰이 어렵다는 이유도 있어요. 농구나 축구는 공을 그물에 넣으면 점수가 나잖아요. 그것만 알고 있어도 충분히 즐길 수 있는 종목이죠. 그런데 야구는 좀 달라요. 제가 딸아이를 데리고 야구장에 가서 어떻게 해야 점수가 나는 거라고 얘기를 해 줘도 처음에는 잘 몰라서 헷갈려 했어요. 룰을 알면 굉장히 재미있는 종목인데 그게 장벽으로 작용하는 것 같아요. 그런데 예능으로 자주 접할 수 있으면 사람들의 관심이 생기고 팬들도 많이 늘어날 거예요. 그래서 미디어가 여자 야구의 저변을 넓히는 역할을 해주었으면 하는 바람도 있어요.

 캐스터님은 한국 정상, 또 세계 정상 선수들을 많이 보시잖아요. 그런 선수들을 보면서 어떤 생각을 하시는지 궁금해요.

 일류 선수가 되기 위한 그들의 노력은 정말 대단하죠. 자기 삶을 최고로 만들어 가는 사람들은 분야가 뭐든 간에 준비하고 노력하는 방식이 확실히 다르다는 걸 느껴요. 제가 본 선수 중에는 메이저리그에 진출해 큰 계약을 맺은 선수도 있고, 현재 리그에서 최고 연봉을 받는 선수들도 있어요. 그런데 이들 모두가 처음부터 그런 위치에 있었던 것은 아니에요. 프로의 세계에 들어오는 것 자체가 어려운데, 막상 프로가 되고 나면 또 그 안에서 경쟁이 얼마나 치열하겠어요. 한 자리를 놓고 팀에 있는 60명, 70명이 계속 싸우는 거니까요. 언제 내가 뛸 수 있을지도 모르는 불확실한 상황에서 살아남으려면 남들이 하는 정도의 연습만으로는 부족해요. 불 꺼진 그라운드에 혼자 남아서 연습하고, 뒤에서 한 번 더 해보고, 계속 고민하고…… 그런 보이지 않는 시간이 차곡차곡 쌓여서 결국 실력이 되는 것 같더라고요. 그래서 최고는 역시 다르다는 걸 느껴요. 제가 보기에 운이 좋아서 그 자리까지 온 사람은 정말 한 명도 없어요.

편 앞으로 하고 싶은 일이나 이루고 싶은 꿈이 있나요?

한 제 바람이라면 가능한 한 팬들이 원할 때까지 이 일을 계속하고 싶다는 거예요. 사실 이 일은 제가 하고 싶다고 할 수 있는 일이 아니에요. 팬들의 선택을 받아야 가능한 일이죠. 제가 이 일을 벌써 20년 넘게 하다 보니 어느 순간부터 누군가는 이 자리를 계속 지키고 있으면 좋겠다는 생각을 하게 되더라고요. 그게 저라면 더욱 좋겠지요. 그리고 또 기회가 된다면 꼭 지금 하고 있는 역할이 아니더라도 다양한 방식으로 이 일과 연결된 역할을 맡아보고 싶어요. 새로운 역할이 주어지면 또 그 나름대로 도전해 보고 싶은 마음도 있고요.

제가 국내 캐스터 중에서는 아마 메이저리그 출장을 미국으로 가장 많이 다닌 편일 텐데 그때마다 느끼는 게 있어요. 메이저리그는 벌써 150년, 160년 가까운 역사를 가진 리그잖아요. 반면 우리는 이제 40년을 조금 넘긴 정도고요. 같은 길을 그대로 따라갈 수는 없겠지만 역사로 따지면 아직 3분의 1 정도밖에 오지 않은 셈이죠. 그래서 시장도 더 커지고 야구 문화도 더 깊어지면 언젠가는 제가 '야구장 할아버지' 정도로 늙으면 어떨까, 이런 생각을 해봐요.

편 마지막으로 진로를 고민하는 청소년에게 들려주고 싶은 이야기가 있으신가요?

한 제가 청소년들에게 꼭 해주고 싶은 이야기는 두 가지예요. 하나는 정말 좋아하는 게 있다면 한 번쯤은 과감하게 '올인'해 볼 필요가 있다는 거예요. 사실 저도 학창 시절을 아주 잘 보냈다고 말하기는 어려운데요, 그래서 더 느끼는 게 있어

요. 좋아하는 걸 두고 망설이기만 하면 끝내 그게 뭔지도 제
대로 모르고 지나가게 돼요. 음악이든, 스포츠든, 뭐든 좋아
하는 게 있다면 한 번쯤은 적극적으로 해보는 용기도 필요한
것 같아요.

　다른 하나는 최대한 다양한 경험을 해보는 게 정말 큰 자
산이 된다는 점이에요. 저는 일을 하면서 사람을 많이 만나
는 편인데, 그럴수록 이게 더 크게 느껴져요. 한번은 예전에
LG에서 마무리 투수로 뛰었던 이상훈 씨가 해설위원으로 나
와서 같이 중계방송을 했어요. 저랑은 형, 동생 하는 사이인
데, 이 형이 취미로 기타를 쳐요. 그래서 만나면 야구 얘기만
하는 게 아니라, 기타 얘기, 음악 얘기도 하고 "세계 3대 기타
리스트가 누군지 알아?" 이런 이야기까지 자연스럽게 이어져
요. 스포츠 캐스터라고 해서 항상 스포츠 이야기만 하지는
않아요. 오히려 다양한 관심사와 다채로운 경험이 일로 만나
는 사람들과도 자연스럽게 대화하는 데 큰 도움이 되더라고
요.

　그리고 어떤 분야든 최고가 되고 싶다면 그에 맞는 노력
은 반드시 필요해요. 그냥 어느 날 갑자기 최고 자리에 올라
가는 사람은 거의 없거든요. 또 하나 꼭 덧붙이고 싶은 건,
실패를 너무 두려워하지 말았으면 좋겠다는 거예요. 저도 어

릴 때 이것저것 해봤어요. 음악도 해보려 했고, 스포츠도 도전해 봤는데, 해보니까 "아, 이건 아니구나" 싶은 것들이 분명히 있었어요. 그런데 요즘은 아예 경험을 안 하니까 내가 뭘 좋아하는지, 뭘 할 수 있는지조차 구분을 못 하는 경우가 많더라고요. 저는 실패도 다 좋은 자양분이라고 생각해요. 직접 해봤기 때문에 "아, 이건 내 길이 아니구나"를 알 수 있는 거잖아요. 해보지도 않고 막연히 재능이 있을 거라 믿으면서 10년, 20년을 보내는 것보다 빨리 도전해 보고, 아니면 또 다른 길을 찾는 게 훨씬 낫다고 봐요. 실패했다고 해서 그 시간이 사라지는 건 아니거든요. 그 경험은 살면서 언젠가 큰 도움이 될 거라고 생각합니다.

편 긴 시간 인터뷰에 응해주신 한명재 캐스터님 감사합니다. 하고 싶은 것이 있다면 직접 해보고 스스로 판단할 기회를 가지라는 말씀이 마음에 와닿습니다. 어떤 분야든 최고가 되려면 그만한 노력이 필요하다는 말씀처럼 청소년 여러분도 최고가 되고 싶은 분야를 찾아 노력하기를 바라며 스포츠 캐스터 편을 마칩니다.

청소년들의 진로와 직업 탐색을 위한
잡프러포즈 시리즈 89

2026년 03월 20일 초판 1쇄

지은이 | 한명재
펴낸이 | 김민영
펴낸곳 | 토크쇼

편집인 | 박성은
디자인 | 문지현
홍보 | 이예지

출판등록 | 2016년 7월 21일 제 2023-000173호
주소 | 서울시 마포구 월드컵북로98, 2층 202호
전화 | 070-4200-0327
팩스 | 070-7966-9327
전자우편 | myys327@gmail.com
ISBN | 979-11-94260-78-3(43190)
정가 | 15,000원